O PODER DE MANIFESTAÇÃO DOS CRISTAIS

Título do original: Manifesting with Crystals - Attracting Abundance, Wellness & Happiness.

Publicado pela primeira vez em 2013, na Grã-Bretanha como Life-Changing Crystals por Godsfield, uma impressão da Octopus Publishing Group Ltd.

Carmelite House

50 Victoria Embankment

London EC4Y 0DZ

Esta edição foi publicada em 2022 pela Pyramid, uma impressão da Octopus Publishing Group Ltd.

Copyright © 2013, 2022 Octopus Publishing Group Ltd.

Copyright do texto © 2013, 2022 Judy Hall.

Copyright da edição brasileira © 2023 Editora Pensamento-Cultrix Ltda.

1ª edição 2023.

Judy Hall assegura-se o direito moral de ser identificada como autora desta obra.

Impresso na China.

Todos os direitos reservados. Nenhuma parte deste livro pode ser reproduzida ou usada de qualquer forma ou por qualquer meio, eletrônico ou mecânico, inclusive fotocópias, gravações ou sistema de armazenamento em banco de dados, sem permissão por escrito, exceto nos casos de trechos curtos citados em resenhas críticas ou artigos de revista.

A Editora Pensamento não se responsabiliza por eventuais mudanças ocorridas nos endereços convencionais ou eletrônicos citados neste livro.

Advertência: As informações contidas neste livro não pretendem substituir o tratamento médico nem podem ser usadas como base para um diagnóstico. As propriedades terapêuticas apresentadas servem apenas como uma orientação e, em sua maior parte, baseiam-se em relatos de casos e/ou uso terapêutico tradicional. Se você tiver alguma dúvida sobre o uso das pedras, consulte um especialista em cura por meio de cristais. No contexto deste livro, a doença é uma indisposição, a manifestação final de estresse ou desequilíbrio espiritual, ambiental, psicológico, kármico, emocional ou mental. A cura significa recuperar o equilíbrio da mente, do corpo e do espírito e facilitar a evolução da alma; não implica a cura da doença. De acordo com o consenso relativo à cura pelos cristais, todas as pedras são chamadas de cristais, quer tenham ou não uma estrutura cristalina.

Editor: Adilson Silva Ramachandra
Gerente editorial: Roseli de S. Ferraz
Gerente de produção editorial: Indiara Faria Kayo
Editoração eletrônica: Join Bureau
Revisão: Luciane Gomide

Dados Internacionais de Catalogação na Publicação (CIP)
(Câmara Brasileira do Livro, SP, Brasil)

Hall, Judy, 1943-2021
    O poder de manifestação dos cristais: para atrair abundância, saúde, felicidade e bem-estar / Judy Hall; tradução Denise de Carvalho Rocha. - São Paulo: Editora Pensamento, 2022.

    Título original: Manifesting with crystals: attracting abundance, wellness & happiness

    ISBN 978-85-315-2241-3

    1. Cristais - Aspectos psicológicos 2. Esoterismo I. Título.

22-122059 CDD-133.2548

Índices para catálogo sistemático:
1. Cristais: Uso terapêutico: Esoterismo 133.2548
Aline Graziele Benitez - Bibliotecária - CRB-1/3129

Direitos de tradução para o Brasil adquiridos com exclusividade pela
EDITORA PENSAMENTO-CULTRIX LTDA., que se reserva a
propriedade literária desta tradução.
Rua Dr. Mário Vicente, 368 - 04270-000 - São Paulo - SP - Fone: (11) 2066-9000
http://www.editorapensamento.com.br
E-mail: atendimento@editorapensamento.com.br
Foi feito o depósito legal.

JUDY HALL

O PODER DE MANIFESTAÇÃO DOS CRISTAIS

Para Atrair Abundância, Saúde, Felicidade e Bem-Estar

Tradução
Denise de Carvalho Rocha

Editora
Pensamento
SÃO PAULO

SUMÁRIO

Introdução 8
A Manifestação e a Lei da Atração 8
Os Princípio da Manifestação 9
Saiba Aguardar o Momento Mais Oportuno 13
O Que Está Atrapalhando Você? 14
Problemas e Antídotos 15
Como Usar Este Livro 17

Parte Um: Técnicas de Manifestação 18

Como Conhecer o seu Eu Mágico 20
Intenção Focada 22
Manifeste com os seus Cristais 24
Instrumentos de Manifestação 26
Chakras da Manifestação 30
Deixe seus Cristais Trabalharem por Você 32

Parte Dois: Manifestação com Cristais 34

O Segredo da Manifestação 36
O QUARTZO DA MANIFESTAÇÃO
Cristais Alternativos: Gerador, Jade, Citrino, Amolita
Exercício: Ativação com o Quartzo da Manifestação: Como Gerar Riqueza Interior

Tome Posse do seu Poder Interior 42
MALAQUITA
Cristais Alternativos: Lágrima de Apache, Obsidiana Arco-íris, Obsidiana Cor de Mogno, Escapolita Azul, Quarzo Enfumaçado
Exercício: Meditação com a Malaquita: O Que Estou Segurando Dentro de Mim?

Desobstrua a sua Mente 48
QUARTZO RUTILADO
Cristais Alternativos: Quartzo Turmalinado, Turmalina Negra, Selenita, Quartzo Enfumaçado, Berilo
Exercício: Grade do Quartzo Rutilado: Como eu Limpo a Minha Mente?

Purifique o seu Karma   54
ÁGATA FÓSSIL DO VENTO
Cristais alternativos: Dumortierita, Pedra Nevasca, Agente de Cura Dourado
Maianita Arco-Íris
Exercício: Ativação da Ágata Fóssil do Vento: Como Posso Purificar o Meu Karma?

Crie Abundância   60
CITRINO
Cristais alternativos: Topázio, Pedra do Sol Cornalina, Cinábrio, Jade, Turquesa
Exercício: Ritual do Citrino: Como Eu Crio Abundância?

Alquimia Financeira   66
GOLDSTONE
Cristais Alternativos: Aventurina, Jade, Olho de Tigre
Exercício: Grade de Goldstone: Como Eu Crio Riqueza?

Aumente a Sua Saúde e o seu Bem-Estar   72
QUE SERÁ
Cristais alternativos: Heliotrópio, Âmbar, Quartzo, Ametrina
Exercício: Rede Imunoestimulante de Que Será: Como Eu Mantenho
Meu bem-estar no Nível Ideal?

Harmonia e Cooperação   78
QUARTZO ESPÍRITO
Cristais alternativos: Quartzo Vela, Drusa de Quartzo Aurora, Aglomerado
de Quartzo, Calcita
Exercício: Meditação do Quartzo Espírito: Como Eu Manifesto Harmonia
na Minha Vida e na Minha Comunidade?

Como Atrair Prosperidade   84
JADE
Cristais alternativos: Goldstone, Aventurina, Citrino, Olho de Tigre
Exercício: Grade de Jade: Como Eu Manifesto Prosperidade?

Mantenha a sua Energia no Nível Máximo   90
CORNALINA
Cristais Alternativos: Jaspe Vermelho, Jaspe Papoula, Que Será, Ágata de Fogo
Exercício: Energização com a Cornalina: Como Eu Me Coloco em Movimento?

Para Tomar Decisões   96
OPALA AZUL OWYHEE
Cristais Alternativos: Diáspora (Zultanita), Pedra dos Sonhos®, Andaluzita®, Quartzo dos Sonhos
Exercícios: Sonhando com a Opala Azul Owyhee: Como Encontro uma Resposta?

Estimule a sua Criatividade   102
GRANADA
Cristais alternativos: Rubi, Sangue de Ísis, Cornalina, Quartzo Tangerina
Exercícios: Ative a sua Criatividade: O Painel Visionário

Cure Mente, Corpo e Alma   108
ANFIBÓLIO
Cristais Alternativos: Quantum Quattro, Quartzo Agente de Cura Dourado
Exercício: Visualização do Anfibólio: Como Eu Me Curo Multidimensionalmente?

Encontre o Amor   114
Quartzo Rosa
Cristais Alternativos: Rodocrosita, Tugtupita, Calcita Mangano, Aventurina Verde
Exercício: Ritual para Atrair o Amor: Como Eu Posso Atrair o Amor?

Busque um Mentor   120
PEDRA DA LUA NEGRA
Cristais Alternativos: Formação de Mentor, Jaspe Kambaba, Nascer do Sol de Sonora, Ágata com Bandas
Exercício: Visualização da Pedra da Lua Negra: Como Eu Encontro um Mentor?

Conecte-se com os seus Anjos   126
CALCITA ASA DE ANJO
Cristais Alternativos: Angelita, Celestita, Quartzo Anfibólio, Quartzo Aurora (Anandalita®)
Exercício: Altar da Calcita Asa de Anjo: Como Eu Me Conecto com os Anjos?

Ative a sua Consciência Superior   132
QUARTZO AURORA (ANANDALITA®)
Cristais alternativos: Todos os Quartzos de Alta Vibração, como a Azeztulita, a Maianita Arco-Íris, o Quartzo Trigônico, o Satyamani, o Quartzo Sayaloka®, a Petalita, a Fenacita
Exercício: Meditação do Quartzo Aurora: Como Eu Me Conecto com a Consciência Superior?

Reconecte-se com a Perfeição   138
BRANDENBERG
Cristais Alternativos: Quartzo Aurora (Anadelita®), Quartzo Satyaloka, Quartzo Nirvana, Quartzo Fantasma
Exercício: A Jornada para a Perfeição: Como Eu Posso Me Reconectar com a Perfeição?

Abra a Porta da sua Alma   144
QUARTZO TRIGÔNICO
Cristais Alternativos: Ametista Capa de Cristal (Capa de Neve), Merlinita Mística, Fenacita
Exercício: Meditação Trigônica: Como Eu Me Reconecto com a Minha Alma e com o Meu Propósito Anímico?

Deixe a Magia Entrar na Sua Vida   150
MERLINITA
Cristais alternativos: Estaurolita, Estibnita, Bronzita, Mohawkita
Exercício: Manifestação Mágica da Merlinita: Como Eu Posso Deixar a Magia Entrar na Minha Vida?

Glossário   156
Índice   158
Leituras Complementares   160
Agradecimentos   160

INTRODUÇÃO

A manifestação com cristais é realmente muito fácil: essas pedras são instrumentos fabulosos. Você não precisa de nenhum conhecimento ou habilidade especial. Basta reservar um tempinho para conhecer os cristais e as instruções muito fáceis que acompanham o perfil de cada pedra.

A Manifestação e a Lei da Atração

Manifestar não é algo que você *faça* – é algo que você é. A manifestação é uma expressão externa do seu eu interior. Ela torna visível seus pensamentos e sentimentos mais ocultos e expressa sua essência. Todos nós manifestamos o tempo todo. A cada pensamento, emoção e crença que temos, criamos a nossa realidade, queiramos ou não. O segredo é levar esse processo para a consciência e praticá-lo sob o seu comando. Quando o filósofo Sócrates, em sua insistência para que cada crença fosse questionada, cada dúvida investigada, cada resquício de desconhecimento examinado, disse que uma vida sem reflexão não valia a pena ser vivida, ele afirmou uma verdade profunda. Se não examinarmos nossa vida interior, e os pensamentos, sentimentos e crenças que fundamentam o que vivenciamos externamente, como podemos querer influenciar a nossa vida exterior?

Como podemos manifestar o que buscamos se não examinamos com muito cuidado nossas crenças limitantes e suas implicações mais amplas, se não identificamos os filtros mentais por meio dos quais vemos o mundo? A Lei da Atração diz que atraímos de volta para nós aquilo que irradiamos ("semelhante atrai semelhante"). Ela diz que cada pensamento que temos, cada emoção, cada crença arraigada cria o que vivemos a cada instante. Como podemos manifestar o que mais desejamos se, no fundo, não acreditamos que merecemos isso? Como podemos realizar nosso verdadeiro potencial se estamos vivendo de acordo com as expectativas de outras pessoas? E talvez a questão mais profunda de todas: como podemos manifestar com sucesso algo que vai contra o plano da nossa alma?

Essas são perguntas básicas que abordaremos enquanto empreendemos juntos nossa jornada por este livro. Vamos explorar o processo de manifestação em todas as suas etapas surpreendentes e assombrosas, assim como examinar as armadilhas que podemos encontrar no caminho. Também vamos explicar por que pode ser melhor não manifestarmos o que achamos que precisamos ou manifestarmos o que parece ser justamente o oposto do que pensávamos que queríamos. E vamos aprender a criar a nossa própria realidade mágica através do pensamento direcionado.

Vamos usar os instrumentos perfeitos para nos ajudar no processo de manifestação: cristais e alguns rituais e grades simples com cristais. Os cristais existem desde o alvorecer da Pré-história e sempre foram considerados sagrados, terapêuticos e, acima de tudo, mágicos. Além de conter uma potente carga magnética, os cristais interagem com os deuses para nos dar sorte, oferecer proteção e trazer prosperidade, além de propiciar bem-estar em todos os níveis. E se formos além das nossas limitações e aproveitarmos o verdadeiro potencial mágico dessas pedras (e o nosso), elas ainda nos ajudam a conseguir tudo isso *aqui* e *agora*.

Os princípios da manifestação

A manifestação é o resultado de pensamentos e sentimentos projetados no mundo. Quanto mais consciente a intenção e mais direcionado o pensamento, mais positivo é o resultado.

Pensamentos e sentimentos são vibrações que atraem (ou repelem) qualquer coisa que você queira manifestar. O segredo do sucesso da manifestação é perceber que todo pensamento (e sentimento) é um pedido que o universo recebe, amplia e atende.

O QUE É MANIFESTAÇÃO?

A manifestação é um processo contínuo de criação, que molda a energia básica do universo. Não é algo que você faz uma vez, depois se senta e espera o resultado. É um processo que pode ser consciente ou inconsciente, benéfico ou destrutivo. A ideia de que "tudo que você irradia volta para você" incorpora uma verdade profunda. Seus pensamentos e desejos são instruções que são captadas, ampliadas e devolvidas a você: imparcialmente, mas com precisão e abundância. Por isso, quanto mais consciente você estiver (mais focado, positivo e ciente do que está se passando na sua cabeça) e quanto mais contentamento sentir no coração, mais positivo será aquilo que você vai manifestar. Quanto mais você optar por ter sentimentos bons e pensamentos construtivos, mais o mundo espelhará isso de volta para você. Quanto melhores são as escolhas que você faz, mais coisas boas surgirão na sua vida. A verdadeira criação começa, na realidade, no coração e não na cabeça. Se existem contradições dentro de você, se a parte que está inconsciente está irradiando uma mensagem, enquanto sua mente consciente está irradiando outra, tudo que você manifestará será confusão e negatividade. O sentimento de ser abençoado permite que você seja de fato abençoado. Então receba suas bênçãos todos os dias!

Algumas pessoas parecem acreditar que o universo tem o *dever* de lhes dar o que elas querem, atendê-las quando pedem "mais dinheiro", "mais amor", "uma vida melhor". Elas procuram algo "fora de si mesmas" para criar a sua realidade por elas. Mas isso é o mesmo que pesquisadores da consciência buscarem na matéria (no cérebro) o local onde fica a mente. Seria muito melhor se perguntassem como a mente (a consciência) molda a matéria para criar o mundo material e tudo o que ele manifesta. Outras pessoas olham para o mundo através de um filtro de escassez (sentindo-se miseráveis e indignas) e querem que alguém torne tudo melhor para elas.

Aqueles que fazem tais exigências estão vivendo a vida "às avessas". Acham que, se tivessem aquilo pelo que anseiam desesperadamente, seriam mais felizes. Na verdade, quanto mais felizes se sentirem, quanto mais gostarem de quem são e expressarem isso para o mundo, mais alegria irradiarão e mais atrairão para si uma vida abundante. Isso cria uma profecia autorrealizável, um círculo virtuoso de bênçãos. E essas pessoas podem muito bem descobrir que não precisam de mais dinheiro (ou o que quer que estiverem pedindo), pois o dinheiro apenas preenche um vazio interior causado pela falta de conexão com a nossa essência, em toda a sua maravilhosa plenitude.

Quando pede algo para o universo, você está abdicando do seu próprio poder de criar. Você está colocando o poder de comandar a sua vida em outras mãos – seja de Deus, do universo, do Cosmos ou de qualquer outra coisa. Volte a tomar posse desse poder (veja Malaquita, pp. 44-7) e você se tornará o criador do seu próprio mundo. Nós vamos discutir sobre manifestação pessoal, cocriação e criação da alma posteriormente.

ESTOU PEDINDO A COISA CERTA?

Você tentou empreender o processo de manifestação e não funcionou? Esforçou-se para entender a ordem cósmica, devorou o livro O *Segredo*, seguiu a Lei da Atração e, até onde sabe, seu mais profundo desejo ainda não se manifestou? Ou ele se manifestou e você simplesmente não percebeu que aquilo que se manifestou na sua vida um dia foi seu mais profundo desejo? Um bloqueio que nunca se desfaz pode ser um sinal de que existe certa confusão ou pouca sabedoria naquilo que você procura. Pode ser que existam crenças nucleares, dúvidas kármicas ou intenções da alma que não estejam de acordo com a manifestação do que você realmente precisa (ver Malaquita, pp. 44-7). Você deve estar pedindo algo que não é o melhor para o crescimento da sua alma (veja Quartzo Trigônico, pp. 146-49).

A manifestação ineficaz também pode ser um sinal de que você não está expressando o seu pedido para o universo e depois soltando-o, com a certeza de que ele será ouvido. A preocupação constante, o excesso de expectativas ou o desejo de satisfazer o sonho de outra pessoa pode bloquear o processo de manifestação. Como a atriz mexicana Salma Hayek sublinhou: "Se você gosta do processo, isso é sinal de que esse sonho é seu. Se está apenas suportando o processo e vive desesperado para ver o resultado, isso é sinal de que é o sonho de outra pessoa". Portanto, ao formular sua intenção, assegure-se de que isso é o que você realmente deseja para si mesmo.

ESTOU PEDINDO DA MANEIRA CORRETA?

Como me lembrei outro dia, precisamos ser muito precisos quando formulamos o nosso pedido, prestando atenção na maneira como o expressamos, para evitar manifestações "irrefletidas". Um tempo atrás, eu comprei um título de capitalização que me pareceu um ótimo negócio, pois eu iria concorrer a sorteios mensais. A perspectiva era bem empolgante, pois seriam números escolhidos aleatoriamente, que gerariam prêmios mensais, de valores diversos. Não seria uma ótima oportunidade para se fazer um investimento? E todo mês eu ainda teria a chance de abrir um envelope e descobrir que tinha ganhado uma bolada. No primeiro ano, o retorno foi bem acima do que eu teria recebido se tivesse deixado o dinheiro na poupança. Depois disso, o retorno não foi tão satisfatório assim. Fiquei vários meses sem ganhar nada. Quando ganhei alguma coisa, eu pensei, "Obrigada, mas eu quero mais". No mês seguinte, recebi cinco cheques: cada um deles com o prêmio mínimo. Eu literalmente voltei a ganhar o que eu havia pedido: mais da mesma coisa. O que eu deveria ter dito era: "Obrigado, mas no próximo mês eu quero uma bolada". Uma lição valiosa, que me lembrou de repassar todos os meus pensamentos para garantir que eles sejam formulados do jeito certo.

COMO EU TRABALHO COM A MANIFESTAÇÃO?

Cada um dos capítulos da Parte Dois (pp. 34-155) apresenta uma forma de manifestação para um determinado propósito, os cristais que podem auxiliar nesse caso e ativações muito fáceis, para ajudar a colocar a manifestação em prática. Cada sugestão pode ser adaptada e usada para outros fins. E você nem vai precisar investir muito tempo nisso, pois nada neste livro demora mais do que meia hora, sendo que muitas ativações levam até menos tempo. Tudo que você precisa fazer é garantir que seu coração e sua cabeça (suas mentes consciente, subconsciente e inconsciente) e sua intenção sejam coerentes (estejam em harmonia) e alinhados com seu verdadeiro propósito – e você precisa saber exatamente qual ele é.

QUAIS HABILIDADES EU PRECISO DESENVOLVER?

É fundamental ter sentimentos poderosos (não emoções, que contêm julgamentos inerentes). A verdadeira criação começa no coração e não na cabeça. O segredo é sentir profundamente o que você busca e imaginar como isso é. Quando fizer seu pedido, incorpore-o e depois solte-o no universo. Confie no processo. Ao longo deste livro, você vai aprender a focar sua intenção, a manter sua total presença e a ficar centrado. Você também aprenderá a seguir com o fluxo e deixar fluir. Ao fazer a prática da manifestação, é contraproducente forçar qualquer coisa. O melhor é se abrir para o seu ser interior. Você vai aprender a deixar de lado o seu ego e permitir que a parte mais elevada do seu ser manifeste o que é melhor para você e para aqueles que estão ao seu redor.

HABILIDADES IMPORTANTES

- Intenção focada: mantenha sua mente e seus sentimentos focados num resultado positivo agora.
- Presença total: fique totalmente no momento presente e não volte para o passado nem se projete no futuro.
- Introspecção e contemplação: observe os pensamentos e sentimentos que possam sabotar sua prática de manifestação.
- Fique centrado: permaneça no seu eu interior e cultive crenças congruentes.
- Escolha ter sentimentos bons e pensamentos construtivos: afaste-se dos sentimentos negativos e autolimitantes e passe a cultivar uma sensação positiva e radiante de bem-estar, alegria e riqueza interior.
- Não julgue: evite julgar as coisas e classificá-las como "boas" ou "ruins".
- Ser e se permitir: permaneça no fluxo de manifestação de quem você é em sua essência.
- Defina metas e faça escolhas: divida tudo em etapas alcançáveis, seja qual for a sua busca.
- Confiança: tenha a expectativa de que o processo terá um bom resultado.
- Gratidão: agradeça a si mesmo e ao universo pelo que manifestar.
- Fluxo, abertura à mudança: permita-se ser surpreendido pelo inesperado (fazendo descobertas boas por acaso).
- Aceitação: receba com graça e gratidão qualquer dádiva da vida, seja qual for a fonte.

Saiba aguardar o momento mais oportuno

Parte da capacidade de manifestar consiste em aprender a não nadar contra a correnteza, mas usar a força das águas para chegar aonde quer. Esse é um processo contínuo, a manifestação não funciona necessariamente com resultados instantâneos. A manifestação é sobre permitir, não sobre fazer; é sobre ser aberto, em vez de insistir. Se houver um atraso, quando você olhar para trás, verá que o momento foi perfeito.

RESPEITE O TEMPO DA ALMA

Há uma parte de você que tem uma perspectiva muito mais ampla do que o seu pequeno "eu", que está vivendo aqui na Terra. Eu chamo essa parte sua de alma. Trata-se de um ser eterno, com uma longa história de vida, algumas vividas na Terra e algumas em outras dimensões. Estamos acostumados a pensar em nós como um ser indivisível, que está aqui, agora. Mas a experiência diz que, em você, existe um "eu" muito mais amplo, que guarda o segredo do momento certo para tudo, pois tem acesso ao seu plano anímico. Ele sabe o que está por vir e pode recorrer a capacidades e habilidades desenvolvidas em outras vidas para ajudá-lo. Como diz o músico Ray Charles, a alma é como a eletricidade: nós não sabemos realmente o que ela é, mas sua força pode iluminar um ambiente. A cooperação com esse eu expandido acelera muito mais o processo de manifestação, assim como a confiança de que a manifestação acontecerá no momento certo para você.

ESTAÇÕES E CICLOS

William Shakespeare escreveu: "Os negócios humanos apresentam marés altas como as do mar: se aproveitarmos as correntes, elas nos levam à fortuna; mas, se as perdermos, toda a jornada da vida correrá entre baixios e perigos". Quando ele disso isso não estava falando apenas de aproveitar as oportunidades que surgirem, mas também de saber o momento certo para aproveitá-las. Como astróloga, eu sigo as estações e os ciclos do zodíaco para ajudar nas minhas manifestações. Eu planto minha semente na Lua nova para que ela se desenvolva e frutifique na Lua cheia. Meus rituais são realizados nesses períodos do ciclo lunar. As datas das luas novas e cheias são facilmente acessíveis e representam épocas poderosas. O mesmo se aplica ao ciclo anual. Minha mentora, Christine Hartley, me aconselhou a nunca começar um projeto nas semanas anteriores ao Solstício de Inverno, que ocorre em 21 de dezembro no hemisfério Norte. Isso porque, por tradição, esse são dias de pousio, quando a terra descansa, antes que a vegetação recomece a brotar (no hemisfério Sul, seria em 21 de junho). Muito mais sensato, dizia ela, é começar novos projetos na primeira Lua nova após o Solstício.

O ciclo maior de Júpiter e do Sol coloca os planos maiores em movimento, pois esses astros sinalizam um novo ciclo de 12 anos de oportunidades, que ocorre aproximadamente nas idades de 12, 24, 36 e assim por diante. Mas você não precisa esperar por esses aniversários "gatilhos" para começar nada, simplesmente siga o fluxo, em vez de forçar as coisas a acontecerem.

O que está atrapalhando você?

Se, apesar de seus melhores esforços, sua manifestação não está dando resultado, é hora de examinar o que está impedindo o seu sucesso. Talvez você esteja preso num ciclo de falta de expectativas, decorrente de experiências que "comprovaram" (pelo menos do seu ponto de vista) seus medos mais profundos. Ou você pode estar pedindo coisas que são irreais ou inapropriadas, específicas demais ou muito indefinidas. Ou você pode estar muito apegado aos resultados. Identificando essas armadilhas ocultas, você vai conseguir substituí-las por expectativas positivas.

MENTALIDADE DE EXCASSEZ

Talvez a maior armadilha seja a mentalidade de escassez, ou seja, sentir que algo sempre está faltando e que você precisa sanar essa falta. Segundo essa mentalidade, há um vazio interior doloroso dentro de você que pode ser preenchido com dinheiro, comida, sexo ou uma mudança de ambiente (ou assim você acredita). No entanto, se o que você tem dentro de si é escassez, então o que vai manifestar é mais escassez ainda. Falta gera falta, vazio gera vazio. Portanto, para manifestar com sucesso, o que você precisa cultivar é um contentamento interior.

APRENDA A RECEBER

Não estar aberto para receber é um poderoso bloqueio à manifestação. Se você não consegue receber nada das outras pessoas e é incapaz de demonstrar gratidão pelos presentes que elas ou o universo estão dispostas a lhe dar, você não pode esperar que o universo apoie a sua manifestação. Se você não sente gratidão pelas pequenas coisas, é improvável que o universo o cubra com abundância.

A não aceitação bloqueia o fluxo. Por exemplo, Claire gastava uma pequena fortuna em presentes para outras pessoas e, mesmo assim, detestava receber presentes. Quando era ela quem recebia o presente, reclamava e se enfurecia porque quem lhe presenteava, do seu ponto de vista, não podia pagar o presente que tinha escolhido tão cuidadosamente para ela. Ela tirava toda a alegria de quem lhe dava o presente, mas fi-

cava surpresa quando não conseguia manifestar o que queria. Se ela recebesse seus presentes com alegria, isso teria aberto o fluxo de abundância na vida dela. Procure perceber se você está aberto a receber.

EXPECTATIVAS KÁRMICAS E CRENÇAS ARRAIGADAS

O que você espera que aconteça de fato acontece. Isso ocorre devido às crenças nucleares limitantes que existem dentro de você, num nível profundo e inconsciente. Essas crenças podem se basear em expectativas kármicas de outras vidas (aquilo em que passamos a acreditar vai acontecer, com base em experiências passadas), experiências de infância ou padrões ancestrais tóxicos, que criam profecias autorrealizáveis. Se lhe disseram que você precisa viver dentro dessas limitações, aceitar restrições e esperar problemas, então essa é a vida que você vai manifestar. A manifestação bem-sucedida requer que pensamentos negativos e crenças limitantes sejam transformados.

Como disse uma amiga minha: "Constatar que cada pensamento que dá voltas no meu cérebro é na verdade uma instrução me fez desenterrar todas as minhas crenças inúteis que são instruções ruins para o universo". Ela percebeu que: "O problema das crenças é que não podemos considerá-las verdadeiras ou falsas com base na nossa experiência de vida. Ficamos presos nesse ciclo: eu tenho uma crença, que instrui o universo a me dar coisas que fazem essa crença ser verdadeira, então agora eu tenho a prova de que ela é de fato verdadeira. Por isso precisamos examinar de perto o nosso sistema de crenças, não para saber se elas são "verdadeiras", mas para saber se são úteis ou não, e que tipo de instrução elas estão realmente dando ao universo".

Eu concordo plenamente com a minha amiga e, à medida que você seguir as sugestões deste livro, descobrirá também essas instruções ocultas.

Você também precisa pensar no modo como vem tentando manifestar e o que costuma pedir. Você parou um tempo para focar sua intenção (veja a p. 22)? Seu pedido está vago e indefinido? Ou está específico demais e limitado? Quem sabe seja destrutivo e egoísta? Vamos pensar na palavra "tentar" por um instante. Se está "tentando" manifestar algo (ou se está expressando sua intenção de manifestar algo dizendo: "Eu vou..."), então você está projetando sua manifestação num futuro eterno. Porém, a manifestação acontece no aqui e agora. E se você costuma dizer "Eu quero...", está falando a partir de uma mentalidade de escassez, pois precisa de algo para preencher o vazio que sente. É melhor que você faça escolhas positivas na sua vida, em vez de simplesmente expressar suas necessidades ou desejos.

Problemas e antídotos

PROBLEMA: Você acredita que as coisas "sempre foram desse jeito, portanto sempre serão assim"?

ANTÍDOTO: "Eu sou o autor do meu destino, eu crio o meu mundo".

PROBLEMA: Muitas das suas crenças são falsas e não servem mais para você?

ANTÍDOTO: A Rede do Quartzo Rutilado, na p. 52.

PROBLEMA: Você tem pensamentos e expectativas que foram incutidos por outra pessoa?

ANTÍDOTO: A Meditação com a Malaquita, na p. 46, e a Rede do Quartzo Rutilado, na p. 52.

PROBLEMA: Você tem aspirações ou necessidades vagas, e não define metas alcançáveis?
ANTÍDOTO: Divida sua manifestação em partes menores e se abra para o inesperado (veja "Defina uma Intenção", na p. 22).

PROBLEMA: Você acha que só vai progredir na vida se batalhar muito?
ANTÍDOTO: "Cresço com alegria e uma consciência mais ampla" (veja Quartzo Aurora, pp. 134-37).

PROBLEMA: Você já disse: "Não adianta eu fazer nada, esse é o meu karma".
ANTÍDOTO: Renegocie os seus contratos anímicos e liberte-se (veja Ágata Fóssil do Vento, pp. 56-9).

PROBLEMA: Você tem o hábito de pensar: "Eu não mereço isso"?
ANTÍDOTO: Mude seu programa mental! "Eu só mereço coisas boas, felicidade, bem-estar, riqueza e realização" (veja Citrino, pp. 62-5).

PROBLEMA: As instruções que você dá ao universo se concentram no que você não quer, em vez de se basearem no que você quer?
ANTÍDOTO: Formule suas intenções de manifestação em frases afirmativas, no tempo presente.

PROBLEMA: Você já disse a si mesmo que este mundo é um vale de lágrimas?
ANTÍDOTO: Lembre-se de que a vida pode ser alegre, fácil e divertida.

PROBLEMA: Você é excessivamente apegado aos resultados ou se preocupa com eles o tempo todo?
ANTÍDOTO: Pare de ser um empecilho para si mesmo. Faça o processo de manifestação e depois solte-o no universo. Confie no processo.

PROBLEMA: Você não sabe receber presentes dos outros?
ANTÍDOTO: Aceite todos os presentes, não importa o tamanho, com um sorriso enorme no rosto e um sincero "obrigado".

PROBLEMA: Você se sente impotente e indefeso, preso num ciclo de pobreza e escassez?
ANTÍDOTO: Reivindique o seu poder pessoal (veja Malaquita, pp. 44-7) e crie abundância na sua vida (veja Citrino, pp. 62-5).

Você realmente acredita que pode melhorar seu processo de manifestação? Faça isso agora!

ROMPA O CÍRCULO

O círculo vicioso da expectativa tóxica pode ser rompido pelas ativações que se seguem e por um sentimento de alegre expectativa. As ativações são muito fáceis; muitas delas levam apenas alguns minutos, outras apenas um pouco mais de tempo. Mas você deve realmente arregaçar as mangas, e não apenas pensar sobre isso.

Você pode começar fazendo-se perguntas simples e ouvindo as respostas que surgirem na sua cabeça antes de ter tempo de censurá-las. Depois que detectar esses pensamentos, você pode transformá-los. Cultive o hábito de monitorar cada pensamento aleatório que passe pela sua cabeça e perguntar a si mesmo: "Isso é útil?". Se não for, não se prenda a isso. Da mesma forma, você precisa captar os sentimentos depressivos que o impedem de sentir alegria.

Como usar este livro

A manifestação com cristais é muito simples. O perfil de cada cristal (veja a Parte Dois) apresenta um processo básico de manifestação e demonstra como aproveitar o poder do cristal, ao mesmo tempo que estimula você a assumir a responsabilidade pelo resultado. Em vez de dizer "Faça desta maneira", o perfil ajuda você a sentir a energia dos cristais, escolher um e trabalhar com ele num processo interativo, para gerar segurança interior e uma verdadeira sensação de bem-estar.

PERSONALIZE A SUA MANIFESTAÇÃO

Tudo neste livro foi projetado para ser rápido e fácil, e para criar um fluxo suave de manifestação. A Parte Um apresenta técnicas básicas e ajuda você a desenvolver as habilidades que facilitam a manifestação. Na Parte Dois, você explora o conceito de abundância e o que pode enriquecer a sua vida, além do dinheiro. Você vai aprender visualizações, rituais e grades, com os cristais que mais o atraem. Isso personaliza e aprimora poderosamente o processo de manifestação. As ativações para cada cristal podem ser expandidas e as habilidades, transferidas para trabalhar com outros instrumentos.

ENTÃO, POR ONDE COMEÇO?

Este livro foi cuidadosamente planejado para apresentar as informações numa ordem que ajude você a descobrir tudo que pode estar atrapalhando o seu processo de manifestação e depois a expandir as habilidades úteis nesse processo. Uma ótima maneira de começar é se familiarizar com as técnicas básicas da Parte Um (veja as pp. 18-33), tomar posse do seu poder (veja a p. 42), desobstruir a sua mente (veja a p. 48) e criar abundância (veja a p. 60). Também pode ser bom dar uma olhada na seção sobre como purificar o seu karma (veja a p. 54).

Depois de tomar uma decisão sobre qual abordagem escolher, limpe e ative seus cristais (veja as pp. 24-5 e 33) e mãos à obra. Lembre-se de reservar tempo suficiente para permanecer num estado de espírito tranquilo.

Você pode estar lendo este livro com um propósito específico em mente. Se for esse o caso, depois que ler a Parte Um, você pode identificar, na Parte Dois (ver pp. 34-155), o processo que mais corresponder à sua intenção. Digamos que você queira encontrar o emprego certo, com uma remuneração e perspectivas melhores, e que também seja mais gratificante. Você pode tentar várias abordagens para manifestar isso. Pode simplesmente adaptar a grade de Jade (veja a p. 88) para atrair esse trabalho para você. Mas, se primeiro você precisa de coragem para se candidatar a uma vaga em que poderá fazer o trabalho que quer, a cornalina (pp. 92-5) vai ajudá-lo, assim como a granada (pp. 104-07), a malaquita (pp. 44-7), a ágata fóssil do vento (pp. 56-9) ou a goldstone (pp. 68-71). Você também poderá experimentar a visualização para atrair um mentor (p. 124). Ou pode verificar o seu plano anímico com o quartzo trigônico (pp. 146-49). Cada abordagem tem um ângulo diferente, e você pode, claro, trabalhar com todos eles para identificar exatamente que tipo de trabalho será mais gratificante, qual será a forma mais adequada de abordá-lo e como manifestá-lo. É aí que entra a sua responsabilidade pela manifestação, assim como a sua fé de que ela vai ser bem-sucedida.

PARTE UM
TÉCNICAS DE MANIFESTAÇÃO

Tudo precisa de uma estrutura através da qual se manifestar, especialmente as energias sutis do pensamento e da intenção. Com sua matriz cristalina, os cristais absorvem, armazenam e irradiam energia e, talvez o que seja mais importante, têm sido usados no processo de manifestação há milhares de anos. Por serem usados há tanto tempo, eles já estão imbuídos com o poder da crença e carregam um programa de manifestação dentro deles que só precisará ser ativado.

Cada cristal tem seu próprio poder único, que pode ser aproveitado para manifestar seus desejos mais profundos. Nosso mundo é feito de consciência: energia e matéria. Luz, som e vibração sustentam a criação. Tudo ressoa em diferentes frequências, e os cristais podem servir como uma ponte entre essas frequências, sintonizando a sua consciência com tudo o que você busca.

Como Conhecer o seu Eu Mágico

Antes de prosseguirmos, é hora de você saber que você é um ser mágico, pois é você quem cria o seu mundo a cada instante. Essa é a própria essência da magia. O que você vê ou faz, aquilo a que você reage ou responde, o que você pensa ou sente é poderoso além de qualquer medida. É isso que traz o seu mundo à existência. Dentro de você existe um eu mágico esperando para ser libertado, que manifesta o que você deseja com facilidade e sem esforço.

O EU MÁGICO

Nosso eu mágico pode transcender o tempo e o espaço, movendo-se sem esforço para além do nosso mundo tridimensional e vendo além das suas ilusões e desilusões, num lugar onde tudo é possível e nosso potencial é ilimitado.

Se adquirir o hábito de observar todas as pequenas maneiras pelas quais a manifestação funciona, você logo reconhecerá o incrível poder mágico do seu verdadeiro eu. Para continuar o ciclo de manifestação mágica, mostre gratidão e sinta-se abençoado.

ATIVE O SEU EU MÁGICO

- Diga a si mesmo todas as manhãs ao acordar: "Eu sou um ser mágico. Manifesto tudo o que eu mais desejo. Sou poderoso, sábio e cheio de propósito". Acredite nisso!
- Concentre sua intenção e sua atenção apenas em coisas positivas.
- Confie em você e na sua intuição durante um dia inteiro. Anote por escrito todos os seus sucessos e invista neles todos os dias depois disso.
- Se você tiver dúvidas sobre sua própria capacidade, delete-as e substitua-as por "eu posso". Encontre o oposto positivo de qualquer pensamento negativo ou crença negativa sobre si mesmo e declare em voz alta, no tempo presente: "Eu sou...".
- Reconheça que não há limites para quem você é.
- Mude sua percepção de si mesmo e do seu mundo. Suspenda seu julgamento.
- Faça o impossível.
- Faça um inventário de todos os hábitos e pensamentos que você tem e que não são mais relevantes no momento presente. Exclua-os e substitua-os pela ativação do seu poder pessoal.
- Invista no poder da sua imaginação. Com o olho da mente, crie uma imagem de como você gostaria de ser e o que você faria num mundo perfeito. Depois que essa imagem estiver cristalizada na sua mente e você conseguir sentir como é ser assim, acene com uma varinha de cristal mágica para trazer essa imagem para o seu dia a dia.
- Medite com seu cristal mágico todo os dias, para fortalecer sua conexão com o seu eu mágico e carregue seu cristal com você todos os dias.

MEDITAÇÃO PARA CONHECER O SEU EU MÁGICO

Você pode usar nesta ativação qualquer cristal que desejar. O quartzo de manifestação (pp. 38-41), o brandenberg (pp. 140-43) ou a merlinita (pp. 152-55) são particularmente adequados.

1. Segure seu cristal nas mãos e sinta a energia dele irradiando para os seus chakras da manifestação (centros de energia que ligam o corpo físico aos corpos sutis; veja a p. 30), nas palmas das mãos.

2. Sinta essa energia ativando o seu eu mágico, a parte de você que pode ver muito mais longe do que o eu cotidiano; a parte que é todo-poderosa, sábia e onisciente; a parte que pode viajar no tempo e no espaço.

3. Expanda-se para incorporar este eu mágico, dando-lhe as boas-vindas e abraçando-o. Ele é a pessoa que você realmente é. Agora envie esse eu mágico para o universo.

Intenção Focada

A intenção focada é o pensamento que é propositalmente direcionado para tudo o que você quer manifestar. Focar uma intenção é diferente de desejar que algo aconteça. A intenção é uma "alegre expectativa" que você sente, com todo o poder do seu ser, e depois libera. Manter o distanciamento mental e emocional do resultado auxilia na manifestação da intenção. Sem clareza de intenção, sua manifestação pode não funcionar.

APRIMORE A SUA INTENÇÃO

A intenção é uma forma extremamente ordenada e sutil de energia, capaz de transformar o mundo físico. Para transformá-lo você precisa ter clareza de intenção. Uma intenção destituída de contradições, motivações ocultas, conflitos ou ambiguidades é uma das forças mais poderosas do universo. Manter uma intenção positiva e saber quando soltá-la no universo é um dos grandes segredos da manifestação. Investir emoções na manifestação é contraproducente, ao contrário de se envolver totalmente, mas deixar que seu corpo e sua mente sintam como será quando aquilo que você busca se manifestar – é isso que dá vida à sua intenção.

Antes de declarar sua intenção, você precisa deixá-la clara. Continue se perguntando: "O que é que eu realmente procuro?", "É isso ou outra coisa?", "Estou buscando isso por necessidade e porque sinto que me falta?", "O que enriqueceria a minha vida?". Vá aprimorando essa intenção até chegar ao cerne dela. Se achar que está cultivando aspirações negativas, transforme-as em objetivos positivos. Em vez de enfocar a necessidade de mais dinheiro, por exemplo, você pode usar uma afirmação positiva (ou lema), como: "A prosperidade flui para mim e através de mim, agora. Minha inten-

ção é que todas as minhas necessidades sejam atendidas com facilidade e graça. Obrigada".

DEFINA UMA INTENÇÃO

Depois de ter chegado ao cerne do que você deseja manifestar, peça isso que você busca. Coloque em palavras a sua intenção, formulando uma frase tão curta e concisa quanto possível – no tempo presente. Pronuncie a frase em voz alta, sentindo como será quando ela se manifestar, e depois solte-a, enviando-a para o universo e confiando que ela voltará realizada. Reforce sua manifestação com os cristais e rituais descritos neste livro, e lembre-se de demonstrar gratidão por todas as formas (grandes ou pequenas) pelas quais a sua intenção se materializar.

TRANFORME SEUS DESEJOS EM REALIDADE ATRAVÉS DOS SONHOS

O quartzo é o cristal perfeito para reforçar seus sonhos e transformá-los em realidade. Encontrada em várias formas e tamanhos, essa pedra absorve, gera, amplifica e libera energia quando apropriado, e é excelente para ativar uma manifestação. Se o quartzo for golpeado no escuro, ele gera uma centelha de luz visível, por isso sempre foi considerado uma pedra mágica. Os livros de pedras antigos (que descreviam as suas propriedades mágicas e terapêuticas) estão repletos de histórias sobre os poderes milagrosos do quartzo e sobre como ele se formou do gelo, que, ao ser comprimido, transformou-se num cristal cintilante. Como você verá, ativar uma manifestação com o quartzo é um processo realmente fácil. Certifique-se de sempre usar um cristal ativado e limpo (veja pp. 33-4).

COMO USAR O QUARTZO PARA AMPLIFICAR SEUS DESEJOS

1. Segure seu quartzo nas mãos e peça que ele trabalhe com você para o seu mais elevado bem.

2. Pense no seu sonho, seja ele qual for, da maneira mais clara e intensa possível. Sinta toda a alegria de realizar esse sonho. Deixe-se realmente sentir o poder do sonho e como ele será quando você mani-

festá-lo na sua vida. Deixe esse poder fluir para o cristal na sua mão e peça a essa pedra para manifestar o seu sonho.

3. Coloque o cristal onde você o verá com frequência ou guarde-o no bolso para lembrá-lo do seu sonho.

Manifeste com os seus Cristais

Depois que você identificar a pedra correta para o seu propósito, ficará bem mais fácil escolher seu cristal e ativar suas manifestações com ele. Leia a seção relativa ao que você deseja manifestar (veja a Parte Dois, pp. 36-155), confira os instrumentos que você pode usar (veja abaixo), depois examine as ilustrações de cristais apresentadas neste livro e procure perceber quais mais lhe atraem ou quais você já tem em sua coleção. Por fim, use seus cristais para manifestar seu desejo.

ESCOLHA SEUS CRISTAIS

Quando tiver identificado as pedras mais apropriadas, vá até uma loja de cristais ou procure uma loja virtual, se ainda não tiver os cristais de que precisará. Lembre-se de que o cristal maior não é necessariamente o melhor, assim como o cristal mais belo nem sempre é o mais poderoso. Pedras que não são consideradas preciosas têm os mesmos atributos das pedras lapidadas mais caras, que foram polidas e lapidadas. As pedras roladas (polidas) são robustas e ideais para compor as grades de cristais. Se você está usando pedras preciosas facetadas, é melhor que estejam engastadas em joias, para protegê-las.

Pegue as pedras na mão para que o "seu" cristal possa ser atraído para você. A maioria das lojas de cristais oferece um grande sortimento de pedras. Se você mergulhar a mão numa tigela de cristais, o cristal certo pode acabar entre os seus dedos. Se um cristal chamar a sua atenção, assim que você entrar na loja, este é o cristal certo para você.

DEDIQUE E ATIVE OS SEUS CRISTAIS

Antes que um cristal trabalhe para você, ele precisa ser dedicado ao seu bem maior e ativado para manifestar seus desejos. Quando você o dedica "ao seu bem maior", isso significa que o cristal não pode ser usado de maneira nenhuma para prejudicar outras pessoas, mesmo que não seja intencionalmente. No nível mais elevado, estamos todos conectados e, como os cristais nos lembram, somos todos um.

Paradoxalmente, você precisa ativar um cristal com a intenção focada (veja a p. 22) e ainda assim não limitá-lo sendo muito específico. A frase "Isso ou algo melhor" abre o caminho para grandes surpresas na sua vida. Para ativar o cristal, basta segurá-lo entre as mãos e dizer em voz alta: "Eu dedico este cristal ao meu bem maior e ao de todos os outros seres. Peço que me ajude a manifestar... [nomeie seu desejo]. Isso ou algo melhor". Lembre-se de que os cristais são seres vivos, portanto sempre merecem ser tratados com respeito.

SINTONIZE O SEU CRISTAL

O seu cristal e o seu poder pessoal de manifestação trabalham juntos em sinergia (cooperação). Para se conectar a todo o poder do seu cristal, segure-o nas mãos e sinta o poder da pedra irradiando para os seus chakras da manifestação (veja a p. 30), que ficam nas palmas das mãos, e dali para todo o seu ser.

DESPROGRAME O SEU CRISTAL

Depois que o cristal já cumpriu o seu propósito (ou se ele já chegou até você com um programa instalado), segure-o nas mãos e agradeça pelo trabalho que ele fez, afirmando claramente que esse propósito já não é mais necessário. Desse modo ele poderá dissipar essa programação, junto com qualquer outra coisa que tenha sido programada por terceiros. Limpe bem o cristal com água corrente ou colocando-o no arroz integral durante a noite. Em seguida, reenergize-o ao sol, embrulhe-o e coloque-o numa gaveta até precisar dele novamente.

OS FORMATOS DOS CRISTAIS

Parte da magia da manifestação com cristais reside na sutil geometria dessas pedras. Os cristais podem ser brutos, facetados, polidos, rolados ou pontiagudos. As pedras polidas ou roladas funcionam bem para grades e para se levar no bolso. Elas são confortáveis para se colocar sobre o corpo. As pedras brutas também podem ser usadas em grades de cristais. Pedras facetadas são as mais apropriadas para a confecção de joias. Pedras que foram polidas ou moldadas em esferas ou outras formas agradáveis ao tato são ótimas para se segurar nas mãos. Mas a estrutura cristalina energética subjacente do cristal permanece a mesma, qualquer que seja a forma da sua manifestação externa.

Cristais com pontas puxam a energia para baixo ou a repelem, dependendo da direção para a qual estão voltadas. Com a ponta voltada para baixo, em direção a você ou para dentro, essas pedras atraem energia cósmica para a grade ou para o seu corpo. Com a ponta voltada para fora ou para longe de você, elas retiram a energia negativa para que ela seja transmutada, provocando uma mudança energética positiva. Se está montando uma grade de limpeza, por exemplo, você pode colocar uma pedra aos seus pés, apontando para longe de você, para livrá-lo da negatividade, e outra acima da cabeça, apontando para sua coroa, para atrair luz. Assim nenhum "espaço vazio" será deixado em seu campo de energia. Um vácuo deixado pela retirada de toda toxicidade logo se reabastecerá com a mesma energia de antes, caso não seja preenchido conscientemente com energia positiva.

Lembre-se de limpar seus cristais de tempos em tempos (veja a p. 33), principalmente aqueles que você usa no corpo ou utilizou para combater crenças negativas ou pensamentos implantados.

Instrumentos de Manifestação

Ao longo deste livro, você usará uma variedade de métodos para se conectar com o poder do seu cristal e manifestar sua intenção, entre eles visualizações focadas, meditações orientadas, grades e rituais.

VISUALIZAÇÃO E MEDITAÇÃO ORIENTADA

As visualizações deste livro são imagens que você pode ver com o olho da mente. Ao olhar para o espaço acima e entre as sobrancelhas, mantendo os olhos fechados, você estimula a formação de imagens numa "tela" mental. Se essas imagens não se formarem, projete a tela (ainda com os olhos fechados) um pouco à frente de você; leve sua atenção para esse ponto entre as sobrancelhas e depois deixe-a se mover para a frente. Com um pouco de prática, você logo vai pegar o jeito. Tentar forçar a formação de imagens é contraproducente, por isso tenha paciência e saiba que existem muitas maneiras de "ver" e sentir, e algumas delas não envolvem imagens ou palavras, mas sim um saber intuitivo.

Muitas pessoas são cinestésicas, isto é, elas sentem as coisas em vez de vê-las. Portanto, se você não "vê", simplesmente aja. Você só precisa ser capaz de sair da consciência cotidiana e entrar no seu espaço interior, e isso é facilitado pela energia dos cristais. A beleza de se usar cristais é que a energia da pedra transporta você nessa jornada e estimula *insights*. Ao fazer perguntas, esteja preparado para receber as respostas como se estivesse ouvindo uma voz interior ou surgindo espontaneamente na sua mente (veja a Meditação Malaquita, na p. 46). Elas também poderão vir através de algo que você ouça no mundo exterior. Você pode achar mais fácil seguir as visualizações e meditações orientadas deste livro. Basta gravá-las primeiro, com as pausas necessárias.

GRADES DE CRISTAIS

A prática de usar grades consiste em se colocar cristais em torno de uma pessoa ou lugar para aumento, atração, liberação de energia ou para proteção. Embora a grade seja plana, ela cria uma energia multidimensional em torno dela. Cada grade, ou padrão, tem um propósito e efeito específicos; muitos cristais diferentes podem ser usados, e as grades podem ser adaptadas a diferentes propósitos. Você precisa se conectar com o poder do cristal e abrir seus chakras da manifestação (ver p. 30), antes de dispor as pedras para formar a grade. Sempre posicione os cristais lentamente, com a intenção focada e a devida reverência.

Use o poder da sua mente ou uma varinha para ativar as grades. Deixe que a energia universal flua através do seu chakra da Coroa (no topo da cabeça) e desça pelo seu braço, até a mão que segura a varinha, na direção do chakra da manifestação (palma) e da varinha. Não use a sua própria energia.

TRIÂNGULO: A triangulação neutraliza a energia negativa e traz energia positiva. Ela também cria um espaço seguro e magnetiza a grade para maximizar seu poder de atrair energias benéficas. Coloque um cristal no centro e dois outros de lados opostos e mais abaixo, com os ângulos iguais, se possível. Conecte os pontos com uma varinha para energizar a grade.

ESPIRAL: Espirais são a dança da vida se manifestando. Um símbolo universal de

ESTRELA DE CINCO PONTAS: Esta é uma grade de proteção ou para atrair amor, abundância e cura. Também é o formato tradicional para fundamentar os seus desejos. Se ficar de pé ou deitado sobre a estrela, ela vai aumentar a sua energia e seu poder de atração. Siga a direção das setas do diagrama, ao colocar os cristais, e lembre-se de conectar o cristal inicial para completar o circuito.

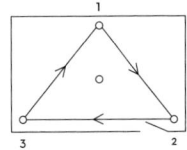

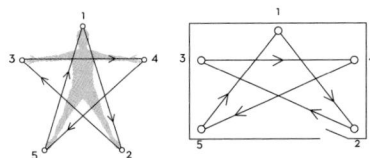

energia, a espiral no sentido horário [A] atrai a energia, enquanto, no sentido anti-horário [B], a espiral libera a energia para o universo. Se você precisa liberar algo para conseguir avançar para uma nova situação, desenhe uma espiral no sentido anti-horário. Quando liberamos algo, isso cria espaço para algo novo poder se manifestar. Você também pode usar a espiral no sentido anti-horário, para enviar coisas boas ao universo ou para beneficiar pessoas, de modo que essa energia retorne multiplicada pela sua generosidade. Se precisar atrair a assistência cósmica para você, desenhe uma espiral no sentido horário.

ESTRELA DE DAVI: Esta é uma grade tradicional de proteção, que representa a união entre masculino e feminino, e equilíbrio perfeito. Símbolo do coração, a Estrela de Davi cria o espaço de manifestação perfeito para que algo novo surja. Coloque o primeiro triângulo (aponte para cima para liberar energia, aponte para baixo para atraí-la) e junte os pontos com uma varinha. Agora coloque outro triângulo em cima, ao contrário, e una as pontas. Também é possível desenhar uma estrela contínua de seis pontas, que cria uma grade de energia ativa [A]; e colocar duas estrelas de seis pontas uma sobre a outra (com a de cima levemente gi-

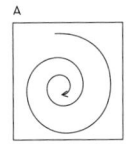 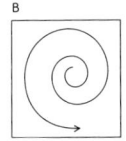

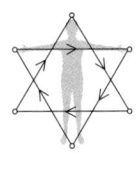 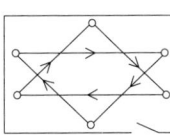

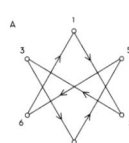 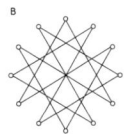

TÉCNICAS DE MANIFESTAÇÃO **27**

rada) para formar uma estrela de manifestação de 12 pontas [B].

RITUAIS

Os rituais aproveitam o poder da sua mente e honram as suas intenções. Por tradição, os celebrantes realizavam os rituais dentro de um espaço sagrado, purificado. Você pode "defumar" o espaço (use a fumaça da sálvia, da erva-doce-americana ou de outras ervas, para purificar as energias do ambiente) ou borrife o local com uma solução própria para limpeza energética de espaços. Você pode usar trajes cerimoniais, mas não é necessário. Para sentir que o ritual é uma ocasião especial, você pode tomar um banho e vestir roupas limpas, mas mais importante é que você faça o ritual com a sua atenção e suas emoções totalmente voltadas para o processo. Certifique-se de estar num estado de espírito tranquilo durante o ritual. A música pode ajudar, assim como as velas e o incenso, mas é a sua intenção alegre e o seu foco que garantem o seu sucesso.

ALTARES

Quando monta um altar, você está criando um espaço sagrado, um lugar para honrar suas intenções e o Tudo Que É. Os altares precisam ficar em locais distantes da circulação de pessoas (ver Ativação do Quartzo da Manifestação, p. 40). Você pode colocar em seu altar objetos especiais, cristais, velas (veja abaixo), fotografias e objetos afins. Se você colocar fotos das coisas que você deseja manifestar, isso não significa que você esteja adorando objetos; você está simplesmente usando o altar como foco para a sua manifestação. Mantenha seu altar sempre limpo e arrumado, com flores frescas e as velas apropriadas. Também é bom defumá-lo diariamente ou pulverizá-lo com uma solução própria para limpar cristais.

VELAS

Por tradição, a vela simboliza transmutação e a nossa luz interior. As velas coloridas reforçam o processo de manifestação. Acenda a vela cuja cor for apropriada para seus rituais e seu altar:

Cor	Efeitos
Branco	Irradia pureza e tranquilidade.
Rosa	Invoca amor.
Vermelho	Resolve conflitos.
Laranja	Garante o sucesso.
Verde	Cria prosperidade.
Amarelo	Facilita estudos bem-sucedidos e viagens.
Azul	Atrai cura.
Índigo	Elimina limitações.
Lilás	Estimula a espiritualidade e os dons psíquicos.

INCORPORE OS SEUS DESEJOS

Embora a sua mente tenha um papel importante na concepção do que você deseja manifestar, pesquisas mostram que o seu corpo físico e a postura que você adota afetam profundamente o resultado da manifestação. Você pode estimular a manifestação bem-sucedida com algumas posturas corporais. Uma postura confiante sempre acelera o processo de manifestação, assim como se manter relaxado e tranquilo, em vez de tenso e ansioso.

A cinestesia, ou percepção do corpo, também desempenha um papel importante na intuição, por isso preste atenção aos seus sentimentos instintivos sempre que formular uma intenção ou um desejo para manifestar.

Para fortalecer a sua intenção e ativar a força de vontade

Isso é particularmente útil quando você quer mudar um padrão de comportamento antes de manifestar algo novo, ou para manter uma intenção diante da oposição ou dúvida de outra pessoa.

- Se você tiver que dizer "não": cruze os braços sobre o plexo solar (região logo acima do umbigo), enquanto segura seu cristal. Isso também funciona quando você sente necessidade de apoio.
- Tensione os músculos enquanto expressar a sua intenção, ou dê alguns passos para trás. Por mais que isso pareça estranho, fortalece a sua intenção.

Para enviar um pedido

Ao declarar sua intenção ou fazer um pedido, estenda o braço esquerdo ao máximo, segurando seu cristal de manifestação enquanto faz isso. Dobre o braço direito na altura do cotovelo. Leve a mão à testa, na região do terceiro olho (no centro da testa, entre e ligeiramente acima das sobrancelhas). Mantenha-se nessa posição por alguns instantes, enquanto seus desejos abrem caminho até a manifestação física. Ou para você pode parecer mais natural trocar as mãos (especialmente se você for canhoto), estendendo a mão direita. Faça o que lhe parecer mais natural.

Pense com criatividade

Você pode tornar seus pensamentos mais criativos ou mudar uma reação profundamente enraizada, usando movimentos oculares simples.

- Para estimular a sua criatividade, segure seu cristal na mão e mova-o para a esquerda, afastando a pedra o máximo possível de você, enquanto o segue com os olhos, sem mover a cabeça. Depois faça o mesmo para a direita. Repita isso seis vezes.
- Para mudar um padrão de pensamento arraigado, mova seu cristal para a esquerda, depois para baixo, depois para o canto inferior direito, depois para o canto superior direito e de volta para a esquerda, seguindo-o com os olhos, sem mover a cabeça. Repita isso três vezes. (Talvez seja necessário alterar a direção, dependendo de qual seja o seu olho dominante. Para saber qual é a sua mão ou o seu olho dominante, feche os olhos, abra os braços e toque o nariz com uma mão por vez. A mão que tocar o centro do nariz é a dominante.)

Chakras da Manifestação

Os chakras da manifestação são o que usamos para sentir as energias dos cristais, porém esses chakras (ou centros de energia) também fazem parte do processo de manifestação. Eles são receptivos (recebem energia) e expressivos (irradiam energia). Portanto, estão intimamente ligados à sua capacidade de receber e gerar. É por meio deles que você interage com o poder do cristal. E você pode em breve ter esses poderosos centros de energia trabalhando para você.

O PODER DOS CHAKRAS

Chakras são centros de energia que ligam o corpo físico e os corpos sutis com o ambiente. A maioria das pessoas conhece os sete chakras principais, localizados ao longo da coluna vertebral. No entanto, existem muitos outros chakras (veja a p. 77); dois deles, chamados "secundários" (os chakras da manifestação), estão firmemente ligados ao plano terreno e estão longe de ser secundários em seus efeitos. A ativação desses chakras auxilia o processo de manifestação e aumenta sua capacidade de projetar energia para o mundo material ou para recebê-la.

ATIVE SEUS CHAKRAS DA MANIFESTAÇÃO

Os chakras da manifestação estão localizados no centro das palmas das mãos. Se você esfregar as mãos rapidamente e em seguida aproximá-las uma da outra, quase unindo os dedos e deixando as palmas afastadas, poderá sentir essas chakras formigando e pulsando, quase como se houvesse uma bola de energia entre as suas mãos.

Os chakras da manifestação, quando estão funcionando em toda sua capacidade, ajudam você a receber energia do universo (ou dos cristais) e a canalizá-la para seu campo de energia. Eles também ajudam a enviar

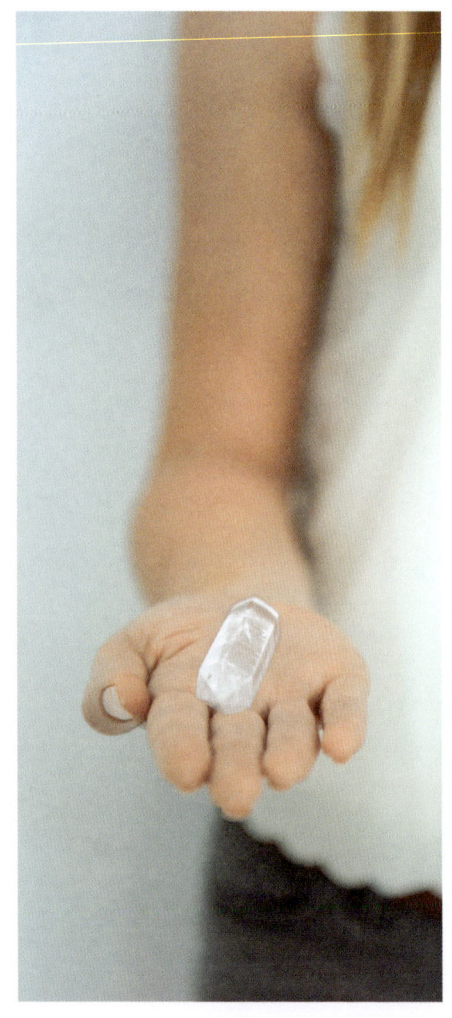

a sua intenção para o universo. A sua criatividade flui, ela é um processo magnético e energético de atração e expressão.

COMO ABRIR OS CHAKRAS DA MANIFESTAÇÃO

1. Declare a sua intenção de abrir os dois chakras da manifestação, nas palmas das mãos.

2. Abra e feche rapidamente as mãos cinco ou seis vezes.

3. Concentre sua atenção na palma da mão direita e depois na palma da mão esquerda (se você for canhoto, inverta esse movimento). Imagine os chakras se abrindo como pétalas. Os centros vão ficar quentes e energizados.

4. Comece a juntar as mãos e pare assim que sentir a energia dos dois chakras se encontrando.

5. Se você juntou as mãos com os dedos quase se tocando, agora inverta a posição das mãos, de modo que elas apontem para direções opostas. Coloque a mão direita e depois a mão esquerda sobre a outra. Você logo aprenderá a reconhecer o que funciona melhor para você. Com um pouco de prática, vai ser capaz de abrir os chakras simplesmente concentrando-se neles.

6. Coloque uma ponta de cristal na mão (veja a página à esquerda) e sinta as energias irradiando da sua palma. Vire a ponta na direção do seu braço e depois na direção dos dedos. Sinta a direção do fluxo de energia. As pontas de cristal canalizam a energia na direção em que apontam. Cristais arredondados irradiam energia igualmente em todas as direções.

Deixe seus Cristais Trabalharem por Você

Os cristais absorvem energia negativa muito rapidamente e devem ser mantidos limpos e dedicados ao seu propósito. Se você estiver usando os cristais para manifestação, convém se certificar de que você seja a única pessoa a manuseá-los. Para isso, deixe-os em algum lugar fora do alcance de outras pessoas.

COMO LIMPAR SEUS CRISTAIS

Depois de escolher seu cristal, você precisa limpá-lo e dedicá-lo, pois ele provavelmente perdeu energia durante a mineração e o transporte, e pode muito bem ter absorvido vibrações negativas de outras pessoas. Se você estiver usando um cristal que é seu, a limpeza vai garantir que ele não fique com nenhuma energia que não seja a sua. Você também precisa limpar a pedra após o trabalho de cura, pois ele terá acumulado toxinas provenientes da energia absorvida.

A maneira mais simples de limpar um cristal ou uma gema facetada é segurá-la sob a água corrente por alguns instantes e em seguida colocá-la no sol para reenergizar. Você também pode colocá-la no arroz integral durante a noite ou usar um cristal com propriedades purificantes. Cristais porosos ou que se fragmentam facilmente podem sofrer danos se colocados na água, então é melhor deixá-los ao sol durante algumas horas, sobre um quartzo transparente ou uma cornalina. Os cristais brancos ou transparentes também podem ser deixados sob a luz do luar durante a noite ou no peitoril da janela, para recarregar.

COMO ATIVAR SEUS CRISTAIS

Depois que o cristal foi limpo e reenergizado, segure-o nas mãos por alguns instantes e abra seus chakras da manifestação (veja a p. 30), para se conectar com o poder da pedra. Dedique o cristal ao seu bem maior. Imagine-o cercado de luz (ou coloque-o na frente de uma vela, se você tiver dificuldade para visualizar). Agora indique claramente sua intenção para o cristal (veja a p. 22). Faça isso com todos os seus cristais antes de iniciar o trabalho de manifestação.

COMO GUARDAR SEUS CRISTAIS

Pedras roladas podem ser guardadas todas juntas num saquinho, mas cristais mais delicados, quando não estiverem em uso, devem ser embalados separadamente e guardados numa caixa, para evitar arranhões. Adicione uma cornalina ao saquinho ou à caixa, para garantir que suas pedras estejam sempre limpas e energizadas, prontas para uso. Se outras pessoas manusearem seus cristais, lembre-se de limpá-los depois.

PARTE DOIS
MANIFESTAÇÃO COM CRISTAIS

Todas as civilizações antigas honravam e veneravam as pedras, mas também as usavam para propósitos mais práticos, como moldar o seu mundo; afinal, as pedras eram a tecnologia desses povos. Você também pode aproveitar o poder antigo imbuído nas pedras para manifestar a vida que deseja. Valorize os seus cristais, respeite-os e eles o recompensarão com tudo o que você mais quer. Para isso, basta que transmita a eles sua intenção e sua gratidão. Nas páginas que se seguem, você vai descobrir maneiras de aproveitar o poder das pedras para melhorar todos os aspectos da sua vida.

O SEGREDO DA MANIFESTAÇÃO

O segredo da boa manifestação é conhecer a si mesmo, reconhecendo quem você é na sua essência e expressando isso para o mundo. Para tal, você tem que remover as camadas de condicionamento, as emoções tóxicas e os pensamentos subjacentes que estão recobrindo o seu mais puro eu, sejam eles pessoais, ancestrais ou culturais. Você precisa transformá-los em crenças que apoiem a sua manifestação, em vez de sabotá-la. Reserve alguns instantes para meditar em silêncio e se concentrar no seu eu interior, onde não existem julgamentos nem condições. Assim você será recompensado, muitas e muitas vezes, com uma manifestação perfeita.

Reconhecer que, em sua essência, você é um ser todo-poderoso, repleto de luz e alegria, é um dos maiores presentes que você pode dar a si mesmo. Procure reconhecer as bênçãos que tem na vida e sentir gratidão pelo que tem, em vez de só ver o que lhe falta. Essas duas atitudes refletem para o mundo o sentimento de que as suas necessidades estão sendo atendidas, o que por sua vez atrai de volta para você uma imensidão de coisas boas. Não ter expectativas com relação aos resultados dos seus esforços é outra dádiva que você dá a si mesmo. Se você investe suas emoções nesses resultados, isto é, se você julga a si mesmo de acordo com seu sucesso ou seu fracasso ao buscar o que quer, a sua manifestação está fadada ao fracasso desde o início. *Investimento* emocional é diferente de *envolvimento* emocional. Se você está emocionalmente envolvido no processo inicial da manifestação, sentindo toda a alegre intensidade de estar seguindo o fluxo, esse sentimento facilita a manifestação. Mas o investimento emocional no resultado, ou seja, a sua ansiedade em conseguir exatamente o que quer, bloqueia o fluxo, porque exige que o resultado seja exatamente o que você imagina (e que pode não ser para o seu bem maior). O desapego com relação aos resultados é, portanto, mais um segredo da manifestação, pois mostra que você está aberto para receber. Se aceita bem a ideia de que o que você anseia com todas as forças pode não ser o que realmente precisa, você abre as portas para a sorte e os felizes acasos.

• Relaxe

• Não tenha expectativas

• Pare de se preocupar

• Seja positivo

• Abra-se para o inesperado

   ... e tudo lhe será revelado!

O QUARTZO DA MANIFESTAÇÃO

O grande manifestador

A essência de um cristal da manifestação é: "Você é o que pensa. O seu mundo reflete o que você tem no coração". Esse é um lembrete de que os pensamentos, aspirações, atitudes e crenças arraigadas que espreitam no fundo da sua mente subconsciente são o que molda o seu mundo e cria as profecias autorrealizáveis que ocorrem na sua vida. Medite com um Quartzo da Manifestação para transformar seu eu interior.

ENTENDA ESTE CRISTAL

O Quartzo da Manifestação consiste num pequeno cristal encapsulado dentro de outro cristal maior. Essa pedra é uma lembrança de que o seu eu interior vive numa "bolha de realidade", que acompanha você por onde quer que vá. Esse quartzo nos ensina a nos alinharmos sem esforço com o processo de manifestação. Ele amplifica e intensifica intenções, pensamentos, sentimentos e crenças, sejam eles positivos, sejam negativos. Se você vive com medo de que algo lhe falte, é a falta que você vivenciará. Mas, se espera abundância, é abundância que você receberá. Esse cristal ajuda você a reconhecer todas as bênçãos da sua vida, não importa quão pequenas sejam. Se o cristal interno estiver contido dentro de uma ametista, um quartzo enfumaçado ou um citrino, ele vai acrescentar as propriedades desse cristal ao seu processo de manifestação. A ametista auxilia na manifestação espiritual, o quartzo enfumaçado ancora a manifestação no mundo cotidiano e o citrino aumenta a abundância em todos os níveis.

O Quartzo da Manifestação pede para você mergulhar fundo e descobrir se realmente acredita que merece o que quer. Se não acredita, outros cristais podem ser necessários para mudar suas crenças nucleares e torná-las mais positivas. Esse quartzo também pergunta se você está pronto para receber o que pediu (e se está ciente de todas as implicações de ter seu pedido atendido). Ele é o cristal do tempo certo, e pode sugerir um cronograma mais focado na alma ou até mesmo um resultado diferente, se você estiver preparado para ouvir.

O QUARTZO DA MANIFESTAÇÃO E A MANIFESTAÇÃO

Uma formação de quartzo que facilita a visualização, este é o cristal perfeito para você usar enquanto faz uma meditação, com o intuito de se conectar com sua vida interior. Se existir uma ambivalência no que você busca ou um conflito entre o plano da sua alma e o que seu ego quer, esse cristal vai revelar isso. Ative-o para realizar todos os desejos do seu coração. Essa pedra funciona melhor quando você empreende a prática da manifestação num espírito de cooperação e generosidade, pelo bem de todos. Ele não apoia solicitações egoístas ou egocêntricas. Use-o enquanto sonda os seus desejos mais profundos e identifica quais são as suas verdadeiras motivações. Antes de ativar o seu Quartzo da Manifestação, procure passar alguns momentos tranquilos com essa pedra, para que ela possa ajudá-lo a definir com mais precisão as suas afirmações ou declarações de intenção.

COMO USAR O QUARTZO DA MANIFESTAÇÃO

O cristal da manifestação facilita a concentração e a descoberta de quem você realmente é. Medite com essa pedra para conhecer o seu verdadeiro eu. Este é um excelente cristal para o trabalho criativo em grupo, pois ele ajuda a manifestar soluções ou atividades para melhorar a vida em comunidade. Visualize o que você deseja e sinta intensamente como será quando esse desejo se realizar, procurando fazer com que toda essa intensidade de sentimentos flua para o cristal. Depois você pode deixar o cristal sobre o seu altar da manifestação, como um lembrete.

CRISTAIS ALTERNATIVOS

Cristal Gerador

O cristal gerador consiste em qualquer tipo de quartzo, inclusive a ametista, o quartzo enfumaçado e o quartzo espírito. Ele é encontrado em duas formas: ou é um aglomerado com terminações pontiagudas irradiando em todas as direções ou é uma grande ponta com seis facetas iguais, que se encontram na extremidade pontiaguda do centro. Assim como o nome sugere, esse tipo de cristal gera energia e a irradia para o ambiente ao seu redor. Se você estiver usando um aglomerado gerador, saiba que cada ponta pode ser ativada para um propósito específico. É muito usado para manifestar curas.

Jade, Citrino e Amolita

Por tradição, o jade e o citrino geram abundância e sorte. A amolita é conhecida como a "pedra da prosperidade das sete cores", devido às suas irradiações opalizadas coloridas. As pedras verdes apoiam o empreendedorismo, enquanto as amarelas atraem riqueza e as alaranjadas, criatividade.

O SEGREDO DA MANIFESTAÇÃO 39

Ativação com o Quartzo da Manifestação

Como gerar riqueza interior

Os cristais precisam ser ativados para que você possa usá-los na manifestação. Depois que seu cristal gerador foi ativado, você pode deixá-lo no seu altar da manifestação ou na área da riqueza da sua casa (conforme o baguá do Feng Shui), para que o seu processo de manifestação possa entrar em ação. O altar da manifestação lembra você da sua intenção e a irradia constantemente para o mundo. Ele é uma maneira de honrar suas bênçãos, não um lugar onde você reverencia o seu dinheiro. O altar conecta você com a sua riqueza interior e com os recursos que você tem, lembrando-o de expressar gratidão no dia a dia. Use-o com sabedoria para ter uma vida abundante. Além do seu Quartzo da Manifestação, para montar o seu altar você vai precisar de uma toalha, flores, uma vela e quaisquer outros objetos significativos para você.

1. Limpe o seu cristal (veja a p. 33), em seguida segure-o nas mãos e conecte-se com o poder da pedra, sentindo-o irradiar para os seus chakras da manifestação (veja a p. 30) e para todo o seu ser.

2. Diga em voz alta: "Eu dedico este cristal ao bem maior de todos e para ativar um processo de manifestação positivo na minha vida". Se você tem um propósito de manifestação específico em mente, declare-o.

3. Estenda o braço esquerdo em toda a sua extensão, segurando o cristal da manifestação enquanto faz isso. Dobre o braço direito e leve a mão à testa, na altura do Terceiro Olho. Mantenha essa posição por alguns instantes, enquanto seus desejos fazem seu voo para a manifestação física.

4. Escolha um lugar para o seu altar da manifestação onde você possa vê-lo todos os dias, mas que esteja fora do alcance de outras pessoas. A área da riqueza da sua casa é o local ideal, mas você pode colocá-lo em outro lugar. Segundo o sistema chinês do Feng Shui, a área da riqueza fica à esquerda, no ponto mais distante da porta da frente da sua casa, ou no canto esquerdo mais ao fundo

de um cômodo. Se não houver espaço para um altar, coloque seu cristal na área da riqueza e esteja certo de que até o menor cristal pode operar maravilhas. A toalha de altar, útil para delimitar seu espaço sagrado, pode ser dourada, pois essa é a cor da abundância, mas você pode optar por uma toalha verde, para ancorar sua manifestação no mundo físico; vermelha, para ativar sua criatividade; azul, para estimular sua espiritualidade e assim por diante.

5. Coloque seu Quartzo da Manifestação no centro do altar. De um lado, você pode colocar flores frescas e, do outro, uma vela. Se está querendo manifestar algo específico, coloque ao redor do quartzo fotografias ou objetos que simbolizem a sua intenção. Se você tem um cristal gerador, pode colocá-lo no altar também.

6. Acenda a vela e concentre sua atenção no altar. Com alegre expectativa, imagine como se sentirá quando já tiver todos os recursos interiores e exteriores de que precisa. Mantenha toda a sua atenção na intensidade desse momento e, em seguida, libere esse sentimento. Apague a vela e deixe a sua intenção de manifestação se desvanecer no ar com a fumaça.

7. Lembre-se de manter seu altar limpo e as flores frescas. Você pode acender a vela diariamente para manter sua intenção ativa e focada. Cada vez que você fizer isso, diga: "Obrigado pelas bênçãos que recebo diariamente. Eu sou grato pela abundância deste mundo e do meu eu interior".

TOME POSSE DO SEU PODER INTERIOR

Usado com sabedoria, o nosso poder pessoal é construtivo, benéfico e empoderador. Ele lhe dá a verdadeira autoridade interior, lucidez e liberdade plena. Ao tomar posse do seu poder interior, você acrescenta mais alegria e sentido à sua vida. O seu poder pessoal aguça os seus sentidos e aumenta a sua perspicácia. Ele contém um saber instintivo que pode ajudá-lo a atrair recursos interiores para comandar e enriquecer a sua vida. Ele nutre você e mostra o melhor caminho. Quando toma posse do seu poder interior, você se sente seguro o suficiente para se abrir, matricular-se na escola da vida e crescer como pessoa. Isso lhe dá impulso e coragem para dar os primeiros passos, que são cruciais.

O empoderamento pessoal estimula sua criatividade e seu poder de atração, e lhe dá força de vontade para manifestar o que procura. Você passa a perceber o poder extraordinário dos seus próprios pensamentos. Quando está empoderado, você é congruente: seus pensamentos, crenças e atitudes têm uma coerência. Você irradia poder interior. Isso leva as outras pessoas a tratá-lo com respeito, pois elas o reconhecem como alguém em quem podem confiar num nível muito profundo. Acima de tudo, quando está empoderado, você segue suas paixões e vive com felicidade.

O poder é muitas vezes confundido com controle. Ele costuma ser definido como "a capacidade ou habilidade para realizar ou agir de forma eficaz" ou "força exercida ou capacidade de exercê-la", mas ele é muito mais do que isso. Em vez de ter o controle sobre algo ou exercer força, trata-se do poder de moldar o mundo ao seu redor sem esforço. É o poder de permitir, de deixar a vida passar por você para que o universo possa lhe trazer tudo o que você procura.

A maneira mais comum de perder o seu poder é não perceber que você já estava de posse dele. Por isso, o primeiro passo para recuperar esse poder é ter autoconsciência, deixando de lado as crenças autolimitantes que o detêm. O segundo passo é encontrar a sua paixão, reconhecendo o que é possível na sua vida, as habilidades que você já possui e aquelas que precisa desenvolver para ir ao encontro dela. Quando você vive com paixão, sua vida é gratificante, autêntica e cheia de sentido. É o empoderamento em ação.

MALAQUITA
O seu cristal do poder verdadeiro

A malaquita ensina que, quando está totalmente empoderado, você manifesta sua própria realidade. Mas ela ressalta que, se não estiver de posse do seu poder, você não é capaz de manifestar nada que não seja negatividade. Esta pedra traz à tona todas as questões ocultas, pensamentos tóxicos e sentimentos reprimidos que o impedem de manifestar e sabotam seus sonhos. Só depois de investigar esses sentimentos, você pode recuperar o seu poder pessoal.

ENTENDA ESTE CRISTAL

Uma pedra resoluta, que atrai *insights* da mente subconsciente, a malaquita é a essência bruta do cobre. Sua influência protetora guarda e orienta você em sua viagem pelos subterrâneos da sua consciência e tudo que reside ali, levando-o a passar pela morte do ego e facilitando, assim, a regeneração do seu verdadeiro eu. Como o próprio cristal está evoluindo, ele é a pedra perfeita para todos os trabalhos de transmutação da Sombra, especialmente no nível emocional e intelectual. E quanto mais você trabalha com a malaquita, mais expansiva se torna a influência dessa pedra.

As espirais labirínticas da malaquita ajudam a iluminar todos os cantos ocultos da sua mente, trazendo à luz o seu crítico ou sabotador interior, que dificulta a manifestação das suas intenções. Essa pedra exige que você dê uma boa olhada nas causas, tanto kármicas quanto psicossomáticas (emoções tóxicas que se manifestam como doença), que estão por trás de uma aparente incapacidade de manifestar facilidades e bem-estar na vida. A malaquita facilita a liberação e o desapego, de modo que você possa seguir em frente. Ela absorve a negatividade em todos os níveis, levando-o a se desvencilhar de traumas e sentimentos obsoletos e a encontrar uma cura emocional profunda. O trabalho com esse cristal coloca você cara a cara com o que quer que esteja bloqueando o seu caminho espiritual, além de auxiliar na sua transmutação.

A MALAQUITA E A MANIFESTAÇÃO

A malaquita lhe oferece o dom de assumir a responsabilidade por você mesmo e pelas suas atitudes. Ela o ajuda a romper os laços com o passado e a reprogramar suas expectativas, ensinando que você precisa estar a par de cada pensamento e de cada emoção presente em cada um dos níveis do seu ser, pois todos eles causam consequências. Trata-se da pedra perfeita para você se libertar da antiga identidade do ego e de tudo que restringe seu eu verdadeiro. Com a ajuda da malaquita, você pode tomar posse de seu verdadeiro poder e a partir daí manifestar a sua própria realidade. Essa pedra irá surpreendê-lo com a transmutação profunda que você poderá alcançar, revelando as distrações dispersivas que o impediam de avançar. Enfrente seus segredos e, com a ajuda da malaquita, manifeste seu eu verdadeiramente poderoso.

COMO USAR A MALAQUITA

A malaquita é particularmente útil quando você está querendo manifestar uma maneira de se libertar de traumas e dramas emocionais. Ela traz à luz segredos, enganos e sabotagens, tanto os seus quanto os de outras pessoas. Mas você pode usá-la em qualquer área da sua vida para ajudá-lo a tomar posse do seu poder, para ser forte e resoluto, e para manifestar o seu verdadeiro eu. Sempre use pedras polidas de malaquita e lave as mãos depois de usá-las.

CRISTAIS ALTERNATIVOS

Lágrima de Apache, Obsidiana Arco-íris, Obsidiana Cor de Mogno

Se você não tem uma malaquita, pode usar uma obsidiana, de preferência na forma da suave lágrima de apache, da terna obsidiana arco-íris ou da macia obsidiana cor de mogno, pois essas pedras o ajudam a trazer à luz e liberar bloqueios profundos e sentimentos reprimidos. O efeito do preto retinto da obsidiana pode ser poderosamente catártico e, com o apoio da rodocrosita, do quartzo rosa ou da calcita mangano (as pedras do perdão) sobre o coração, essa pedra pode levar o processo de liberação dos sentimentos a uma conclusão bem-sucedida.

Escapolita Azul, Quartzo Enfumaçado

Se você precisar de uma pedra alternativa para encontrar seu crítico ou sabotador interior, saiba que a escapolita azul, assim como o quartzo enfumaçado, serve como uma eficaz introdução a esse processo, ajudando-o a renegociar com as suas figuras interiores menos construtivas.

Meditação com a Malaquita

O que estou segurando dentro de mim?

Esta meditação com a malaquita é uma maneira poderosa de nos conectarmos com as questões que nos impedem de tomar posse do nosso poder. Podemos achar que os problemas do passado estão resolvidos e que o caminho à nossa frente está desobstruído, porém, muitas vezes, mágoas e desentendimentos antigos agem como bloqueios energéticos, impedindo o nosso progresso. As fortes propriedades protetoras da malaquita nos ajudam a nos sentirmos seguros, enquanto deixamos para trás pensamentos, sentimentos e experiências que não nos servem mais. Essa meditação também nos liberta de vozes interiores que nos impedem de seguir em frente e nos abrem para a sabedoria que a malaquita nos oferece. Leve o tempo que precisar para empreender esse processo de libertação.

1. Acomode-se confortavelmente num lugar onde não será perturbado e respire suavemente, retirando sua atenção do mundo exterior e concentrando-a no cristal. Mantenha os olhos entreabertos e contemple as espirais e contornos da malaquita, enquanto se conecta com o poder do cristal. Sinta a força da pedra na sua mão. Deixe a energia que ela irradia subir pelos seus braços e entrar no seu coração e na sua mente. Conforme você se concentra em cada espiral, deixe que ela o leve para dentro de si mesmo. Permita que as bandas restabeleçam suavemente o contato com o seu eu mais profundo. Feche os olhos e relaxe. Quando sentir que está pronto, coloque o cristal sobre o plexo solar.

2. Peça ao cristal para que você descubra o que está impedindo você de seguir em frente e o que seria benéfico você liberar. Perceba quaisquer pensamentos que flutuem na sua mente; reconheça se existe um padrão, depois deixe-o ir com amor. Reconheça quaisquer emoções que surjam e, amorosamente, libere-as. Leve sua atenção para todas as partes do corpo e perceba qualquer área de tensão ou dor; depois respire suavemente e relaxe. Deixe a malaquita lhe mostrar qualquer mágoa que você guarde no coração e, gentilmente, deixe que ela se dissolva, preenchendo o vazio que ficou com a energia do amor e do perdão.

3. Peça à malaquita que lhe mostre como o passado está afetando seu presente, em qualquer área da sua vida, e como sua mente e suas emoções controlam o que você manifesta. De boa vontade, entregue ao universo tudo o que não lhe serve mais: toda a dor, emoções, crenças, expectativas, experiências ou vozes interiores que estão pesando no seu coração e prendendo-o ao passado. Reconheça-os e deixe que sejam atraídos para o cristal e transmutados. Deixe-os ir, com perdão no coração.

4. Peça ao cristal para lhe mostrar as dádivas por trás dessas dores antigas, as qualidades que você desenvolveu para enfrentá-las e os recursos que hoje pode usar graças a elas. Tome posse do seu poder. Permita-se saber como você vai usá-lo e trabalhar com esse cristal no futuro para manifestar sua nova realidade.

5. Pergunte à sua malaquita se ela tem alguma outra informação e aguarde em silêncio a resposta. Se uma figura ou voz interior aparecer, negocie com ela, para que assuma um papel positivo.

6. Antes de iniciar a jornada de volta, coloque sua atenção nos seus corpos sutis, que ficam em torno do seu corpo físico, e peça ao cristal para retirar e transmutar quaisquer energias negativas ou desarmoniosas que ainda não foram liberadas, fazendo com que esses corpos sutis fiquem alinhados.

7. Sinta a forte proteção da malaquita envolvendo você. Por fim, perceba a força do cristal e sua poderosa conexão com a Terra ancorando você na existência física e trazendo-o totalmente para o momento presente. Quando se sentir pronto, agradeça ao cristal, abra os olhos, levante-se e movimente-se.

DESOBSTRUA A
SUA MENTE

Noventa por cento dos nossos pensamentos são desnecessários, dispersos, inconscientes e destrutivos, por isso precisamos desobstruir nossa mente e assumir o controle de nossos processos de pensamento. Se você quiser turbinar o seu poder de manifestação, para que ele chegue ao seu nível mais elevado e produtivo, é essencial que cultive o hábito de monitorar seus pensamentos a todo instante. Mas, se esse nível de atenção plena parece demais para você, pratique por alguns instantes a cada hora ou mais (programar um alarme pode ser útil). Simplesmente pare o que você está fazendo quando o alarme soar e monitore a sua mente. Adquira o hábito de anotar seus pensamentos, seja mentalmente, seja no papel. Reserve alguns instantes para limpar sua mente, depois pergunte a si mesmo: "Este pensamento é verdadeiro?", "É útil?", "É realmente meu?". Você pode se surpreender ao descobrir quantos pensamentos não pertencem realmente a você ou não são mais verdadeiros. Tire-os da cabeça. Transforme essas crenças limitantes e você transformará seu mundo.

Crenças limitantes típicas:

- Só vou ser feliz quando tiver dinheiro.
- Eu teria que trabalhar como um camelo para juntar uma fortuna.
- Não é culpa minha que não nasci em berço de ouro.
- Eu nunca consigo sair do fundo do poço.
- É preciso muita sorte para ser rico.
- Nunca vou ter o suficiente.
- O dinheiro é a raiz de todo o mal.
- O país está em crise.
- Não serei amado/aprovado se fizer isso.
- É melhor não correr riscos.
- Eu vivo endividado.
- Eu não mereço...
- Eu não sou bom o suficiente.
- Pessoas como eu nunca vão subir na vida.
- A pobreza é uma virtude.
- Os ricos são fúteis.
- Se eu fizer o que gosto nunca vou tirar o pé da lama.
- Minha paixão não é viável financeiramente.
- Tenho que ser realista. Não posso...
- Esse tipo de trabalho é só para quem tem cartucho.
- Eu me formei numa profissão que não dá dinheiro.
- Não posso evitar – é meu karma.

Pergunte a si mesmo quantas vezes por dia você diz algo parecido com as afirmações anteriores. Reconheça como essas crenças limitam suas oportunidades de manifestação e tome a decisão de mudá-las.

QUARTZO RUTILADO

Seu cristal da purificação

O quartzo rutilado é um eficaz purificador e integrador de energia. Ele incentiva o desapego, ajuda você a limpar a mente e ensina como aguçar seu foco, abrir sua mente superior e ganhar profundo discernimento. Essa pedra instila clareza e promove crescimento espiritual. Ela ajuda você a desobstruir a sua mente de crenças limitantes e pensamentos negativos que, de outra forma, sabotariam sua manifestação.

ENTENDA ESSE CRISTAL

Os filetes do quartzo rutilado são feitos do mineral marrom-avermelhado conhecido como "rutilo", que confere uma vibração etérica capaz de propiciar a sintonia com o Divino e com as multidimensões do ser. Este cristal atrai luz cósmica para a Terra, estimulando a criatividade e manifestando um modo de ser mais espiritual. Mesmo assim, o quartzo rutilado é um cristal pragmático, que vai ao cerne da questão e insiste para que você encare tudo de frente. Ele o ajuda a purificar pensamentos tóxicos e libera emoções reprimidas, substituindo-as por uma visão mais positiva. Você não pode se abster de encarar os problemas com este cristal. Ele traz à superfície causas de vidas passadas, crenças implantadas e padrões de pensamento destrutivos, e mostra onde eles o fizeram tropeçar no passado. Ensinando que você manifesta o que você é, esse cristal permite que você compreenda verdadeiramente o poder do pensamento.

O quartzo rutilado levanta seu ânimo. Trabalhando com as membranas celulares e as sinapses, para ativar o potencial benéfico do DNA, e eliminando padrões destrutivos, essa pedra cura a memória celular e estabiliza os meridianos energéticos do seu corpo, para apoiar uma nova forma de ser. Dissipando a ansiedade e ajudando a superar seus medos, ela facilita a mudança para uma vida mais positiva e uma sistema de crenças autossustentável, com pensamentos construtivos que literalmente criam um novo mundo.

O QUARTZO RUTILADO E A MANIFESTAÇÃO

O quartzo rutilado conecta você com o plano da alma e o ajuda a entender os efeitos de ações do passado e padrões arraigados. Ele também ajuda você a distinguir o karma, visto como "as consequências das suas ações", da intenção da sua alma. Por exemplo, se você vive uma vida miserável porque fez um voto de pobreza numa vida passada ou teve uma vida de ganância, essa pedra o impulsiona a se libertar disso. Mas, se você assumiu determinado modo de vida como uma experiência de aprendizagem, ela o auxilia a tirar o máximo proveito dessa experiência. Se você pediu essa vida de muitas faltas para estimular o reconhecimento dos seus recursos interiores, por exemplo, ela o lembra de olhar para dentro e encontrar ali seus pontos fortes.

COMO USAR O QUARTZO RUTILADO

A meditação com esse cristal, ou seu uso em grades, ajuda você a focar a mente de um modo construtivo. Quando colocado sobre os chakras, o quartzo rutilado liga o seu corpo físico às dimensões sutis. Um dos seus principais benefícios é ampliar o poder dos pensamentos para que eles sejam projetados para o universo como raios tangíveis de energia criativa, atraindo tudo o que você busca. Esse cristal encoraja você a compartilhar o que tem e a ser magnânimo em seus desejos.

CRISTAIS ALTERNATIVOS

Quartzo Turmalinado, Turmalina Negra, Selenita, Quartzo Enfumaçado

Se você não tiver um quartzo rutilado à mão, use o quartzo turmalinado ou uma mistura de turmalina negra e selenita ou quartzo enfumaçado. Os cristais que contêm turmalina são desintoxicantes naturais da energia mental, que retiram a negatividade e bloqueiam os pensamentos implantados de outras pessoas, permitindo que você permaneça em seu próprio corpo mental. Quando você adiciona a selenita ou o quartzo à mistura, a luz cósmica é atraída para transmutar sua mente mundana num entendimento superior.

Berilo

O berilo é útil quando você está seguindo o imperativo mental de outra pessoa. Ele ajuda você a se concentrar apenas no que precisa fazer para o seu bem maior, facilitando o extravasamento da bagagem emocional ou mental que o impede de seguir em frente e manifestar o seu próprio potencial.

Grade do Quartzo Rutilado

Como eu limpo a minha mente?

Esta grade permite que você desobstrua a sua mente e mude a sua configuração mental. Muitas das nossas crenças nucleares foram implantadas por experiências passadas pessoais ou culturais, ou por pessoas como pais e professores. Depois que a sua mente é desobstruída, você pode substituir a negatividade por crenças nucleares que apoiem a sua manifestação. A autoestima, a confiança no universo e a decisão de assumir a responsabilidade por si mesmo e de seguir o fluxo facilitam o processo. Volte a recorrer a esta grade e às crenças que ela transmuta quantas vezes for necessário, até que você consiga detectar um pensamento destrutivo antes que ele tenha tempo de se aninhar na sua mente. Faça da atenção plena o seu estilo de vida. Você precisará de seis pedras roladas ou pequenas pontas de quartzo rutilado, além de uma ponta maior.

1. Sente-se em silêncio, segurando a maior pedra de quartzo rutilado que você tem, e conecte-se ao poder do cristal. Revise os pensamentos que foram revelados quando você monitorou sua mente (veja a p. 49). Observe todos os pensamentos tóxicos que foram implantados na sua infância e naqueles que você adquiriu desde então, ou que reconheceu como programas ou votos de vidas passadas e que precisam de reenquadramento. Pense em cada crença negativa. Quando possível, rastreie a crença até a sua fonte. Pergunte a si mesmo se essa crença era verdadeira na época e se você continua acreditando nela no presente. Se não for mais verdadeira, libere o pensamento na direção do grande quartzo rutilado, para transmutação, afirmando a crença oposta como você aprendeu: substituindo uma crença negativa por outra positiva. Faça isso com cada uma de suas crenças limitantes e pensamentos negativos. Lembre-se de perguntar a si mesmo se você está aberto para receber a abundância em todas as suas formas.

2. Decida mudar permanentemente o padrão de pensamento que não era benéfico para o seu bem-estar. Disponha uma pedra em cada ponta de um triângulo voltado para baixo, usando três das pedras menores de quartzo rutilado. Ligue os cantos do triângulo em sua mente. Ele representa todos aqueles pensamentos negativos que você deixou de lado.

3. Sobre esse triângulo, disponha outro voltado para cima, formado com um cristal em cada ponta. Ligue as pontas do triângulo com a mente. Esse triângulo representa todas as crenças positivas que você está construindo no seu novo campo mental – que é abundante, próspero e deixa espaço para que coisas boas se manifestem e enriqueçam a sua vida.

4. Coloque seu quartzo rutilado maior no centro da estrela de davi, para que o processo de transmutação possa continuar. Sinta-o irradiando luz cósmica e amor para a grade de pedras circundante e para a sua vida diária.

5. Esta grade é um foco perfeito para uma meditação diária de cinco minutos. Olhe para ele, deixando seus olhos desfocados e mantenha a respiração regular, enquanto contempla os cristais. Se você tomar consciência de mais uma crença limitante, deixe-a entrar no cristal central, e diga em voz alta a crença contrária e benéfica. Não tente fazer nada acontecer; simplesmente permita que aconteça. Perceba o quanto você vai se sentir diferente depois de uma semana: a mente mais clara e mais focada, e o raciocínio mais arguto. Limpe seu quartzo rutilado regularmente.

PURIFIQUE O SEU KARMA

A lei do karma afirma que "tudo o que vai volta", mas esse não tem que ser um conceito negativo. Podemos gerar um karma "bom" com tanta facilidade quanto geramos um karma "ruim", e o processo é mais de equilíbrio do que punição. Isso faz parte do crescimento da nossa alma, mas podemos ir além do nosso karma e chegar a um estado de iluminação em que reconhecemos que criamos a nossa realidade a cada instante. A purificação do seu karma é outra das chaves para a manifestação.

Você não precisa acreditar em vidas anteriores para acreditar em karma. Você pode simplesmente aceitar que "você colhe o que planta". A infância ou padrões ancestrais arraigados podem representar o "antes" que cria o seu karma. No entanto, se você entender o conceito em sua amplitude máxima, vai reconhecer que a sua alma está empreendendo uma jornada intencional muito mais longa do que é tradicionalmente concebido no Ocidente. Quanto mais ampla for a imagem revelada por trás das aparentes falhas no processo de manifestação, maior é a chave para desvendar o seu futuro.

Sua alma tem um plano de vida, uma programação que foi definida antes de você encarnar. Esse plano pode enfocar os padrões arraigados que você pretendia alterar ou novos recursos e aprendizados que você procura. No entanto, depois de encarnado num corpo físico, você tende a esquecer esses planos e o condicionamento entra em ação, até que você reconheça o padrão e o altere. Embora você tenha livre-arbítrio, a alma pode bloquear planos que sejam destrutivos ou não sejam para o seu bem maior, mas também pode permitir que você os coloque em ação, para aprender o que acontece quando alguém se desvia do caminho da alma. Você também pode ser pego em imperativos kármicos, que se sobreponham ao seu plano anímico. As principais causas kármicas são os contratos anímicos, os pactos, os votos, as promessas, as expectativas e os débitos contraídos em outras vidas, o que pode exigir uma libertação ou reenquadramento, para que isso entre em sintonia com o plano atual da evolução da sua alma. Felizmente, é permitido que façamos ajustes e entremos em outra dimensão do ser, onde manifestamos conscientemente a nossa própria realidade.

ÁGATA FÓSSIL DO VENTO

Seu transformador kármico

A ágata fóssil do vento ensina que você é uma alma eterna, encarnada como ser humano neste momento. Ela revela o karma e a bagagem emocional que você carrega e as defesas que erigiu para garantir sua sobrevivência. Retirando suavemente as camadas que escondem quem você é em sua essência, essa pedra revela a beleza da sua alma, que tem o poder de manifestar infinitas possibilidades.

ENTENDA ESSE CRISTAL

Uma pedra resistente, que carrega o karma da Graça, a Ágata Fóssil do Vento simboliza as camadas retiradas primeiro pela água e depois pelos ventos fortes que sopram nos cânions do deserto, deixando a parte mais difícil em destaque. Essa pedra sabe o que é passar pelo fogo da transmutação para revelar seu belo núcleo e por isso ela ajuda você a revelar quem você realmente é.

A ágata fóssil do vento leva embora as incrustações kármicas e a bagagem emocional que a sua alma carrega há eras. Ela também conhece as habilidades de sobrevivência que são necessárias para que você se adapte à vida na Terra – ela muda de forma ao longo de toda sua longa vida. Se houver algo do passado que ainda seja preciso remodelar ou enfrentar, essa pedra irá ajudá-lo a fazer isso, para que você possa seguir em frente. Esse cristal também ajuda você a identificar lições da alma que ainda não aprendeu, dons que não foram reconhecidos e promessas, situações e relacionamentos que passaram do prazo de validade e precisam de reenquadramento.

A ÁGATA FÓSSIL DO VENTO E A MANIFESTAÇÃO

A ágata fóssil do vento revela todas as causas kármicas que estão por trás da aparente manifestação mal-sucedida ou da aparente incapacidade de manifestar o que você precisa. Ela destaca as expectativas baseadas em experiências do passado e ajuda você a se libertar do seu julgamento acerca de como seu futuro será, com base nessas expectativas. Isso também mostra as forças kármicas a que você tem que recorrer, as habilidades de sobrevivência que desenvolveu e as infinitas possibilidades da sua alma. Essa pedra o tranquiliza, garantindo que você vai sobreviver, não importa o que aconteça; mas, ao liberar o passado, ela mostra a sua possibilidade de manifestar um futuro brilhante no aqui e agora.

COMO USAR A ÁGATA FÓSSIL DO VENTO

A meditação com a ágata fóssil do vento [especialmente quando essa pedra é colocada sobre os chakras das vidas passadas, atrás das orelhas (veja a p. 58)] mostra os contratos anímicos, os pactos e as promessas que devem ser deixados para trás, e também aponta o caminho que você tem pela frente. Essa pedra o auxilia na regressão profunda e a reenquadrar vidas passadas, embora isso deva ser feito sob a orientação de um terapeuta de vidas passadas.

Esse cristal é particularmente útil se for levado junto ao corpo durante períodos de trauma ou desafios, em que a força e a resistência são necessárias para que você supere as circunstâncias sobre as quais aparentemente não tem controle, pois ela mobiliza suas forças kármicas de sobrevivência. A ágata fóssil do vento sabe o segredo de esperar a hora certa. Ela oferece a confiança necessária para você esperar calmamente até que chegue o momento da mudança e lhe dá coragem para fazer esse movimento.

CRISTAIS ALTERNATIVOS

Dumortierita, Pedra Nevasca

A dumortierita (uma forma de quartzo azul) e a pedra nevasca (uma forma de gabro), quando colocadas sobre os chakras das vidas passadas, estimulam a memória ancestral. Essas pedras ajudam você a manter o foco desapaixonado e a reconhecer os dons da alma e as lições aprendidas com as experiências. Elas também o tornam mais receptivo à orientação da alma. Use a dumortierita se você sofre com uma sensação de escassez na sua vida. A pedra nevasca ajuda a apagar memórias de perseguição ou preconceito.

Agente de Cura Dourado, Maianita Arco-Íris

O lindo e etéreo agente de cura dourado e a cintilante maianita arco-íris (um cristal de vibração ainda mais elevada) curam as camadas sutis do corpo biomagnético, que retém lembranças antigas, cicatrizes etéricas e padrões kármicos.

Depois de dissolver suavemente essas impressões do passado, esses cristais preenchem as lacunas deixadas com luz cósmica, possibilitando a manifestação de um novo potencial anímico.

PURIFIQUE O SEU KARMA

Ativação da Ágata Fóssil do Vento

Como posso purificar o meu karma?

Os chakras das vidas passadas estão situados atrás das orelhas e ao longo do osso mastoide, que fica na base do crânio. Esses chakras guardam memórias de padrões passados e profundamente arraigados, cultivados ao longo de muitas vidas, assim como dons, habilidades e conhecimentos kármicos, que podem ajudar na vida presente. A massagem nesses chakras pode desencadear visões de outras vidas, mas também ajuda a dissipar qualquer coisa do passado que esteja interferindo no seu processo de manifestação no presente. A limpeza desses chakras é particularmente útil se você tiver feito votos de pobreza no passado, pactos de alma ou promessas que o estejam impedindo de avançar na vida.

1. Limpe sua ágata fóssil do vento deixando-a durante a noite enterrada no arroz integral. Jogue o arroz fora depois.

2. Segure seu cristal com delicadeza nas mãos e se conecte com o poder da pedra, sentindo-o se irradiar por todo o seu ser. Dedique-o para remover todo o karma limitante, como pactos, promessas, contratos anímicos, votos, expectativas e padrões arraigados do passado, e para revelar seus créditos kármicos e a sabedoria da sua alma.

3. Feche os olhos. Usando a mão que lhe parecer mais confortável, coloque a sua ágata fóssil do vento atrás da orelha direita e massageie suavemente ao longo da crista óssea do crânio, até chegar à cavidade na nuca. Recomece o movimento atrás da orelha esquerda e massageie até o centro novamente. Enquanto faz isso, pense que você está eliminando todas as incrustações kármicas para revelar quem você realmente é. Continue a massagear pelo tempo que achar apropriado. Se alguma memória surgir, observe-a objetivamente, procurando compreender o que o está impedindo de seguir em frente ou reconheça pontos fortes que você desenvolveu ao longo das vidas. Se a lembrança for negativa, não julgue nem se culpe; simplesmente observe e aceite que as coisas eram assim no passado, mas que são diferentes agora. Caso o reenquadramento seja necessário, faça isso agora. Se, por exemplo, você descobrir que fez um voto ou promessa que não lhe serve mais, repita: "Isso só estava valendo naquela vida". Se crenças como "Nunca terei o suficiente" foram implantadas, altere-as para: "Há sempre o suficiente". Se alguém estiver prendendo você a algo que não é mais relevante, ou se você se sentir culpado e responsável por outra pessoa, deixe isso ir. Negocie com ela, se necessário. A ágata fóssil do vento ajudará você a saber

instintivamente o que dizer. Se você reconhecer um padrão negativo, delete-o e substitua-o por outro, benéfico. Seja criativo em seu reenquadramento: mude completamente o cenário, se necessário. Agora agradeça às lembranças que vieram à tona e deixe-as ir, com amor e perdão. Lembre-se de que isso pertence ao passado, e o que vale é o agora. Acolha de bom grado os seus créditos kármicos e as lições que já aprendeu.

4. Segurando a ágata fóssil do vento na mão, diga em voz alta: "Eu me liberto de quaisquer votos, pactos, promessas, contratos anímicos, pensamentos implantados, bagagem emocional, padrões ou crenças prejudiciais, imperativos da alma desatualizados e qualquer outra coisa que esteja atrapalhando a manifestação do meu verdadeiro eu". Passe a ágata pelo seu corpo como se fosse um pente, não se esquecendo da parte de trás do corpo e em torno dos pés. Você pode sentir bastante frio nesse momento, mas permita que tudo que seja prejudicial se vá e a pedra revele seus dons kármicos.

5. Segure a ágata fóssil do vento acima da cabeça. Invoque o karma da Graça e sinta todo o seu corpo sendo inundado pela luz cósmica, que preenche todos os espaços deixados por tudo que você deixou para trás.

6. Peça ao cristal para lhe mostrar sua alma em toda a sua beleza, para que você a manifeste plenamente e crie a sua própria realidade.

7. Imagine uma bolha de proteção ao seu redor e uma raiz mergulhando nas entranhas da terra, para ancorar você nesta encarnação. Largue seu cristal e dê as boas-vindas ao presente, assim como ele se manifesta a cada momento. Limpe seu cristal.

CRIE ABUNDÂNCIA

A abundância é uma atitude mental. É muito mais do que simplesmente ter dinheiro. Um forte sentimento interior de bem-estar abundante abre a sua mente para infinitas possibilidades.

Abundância significa viver banhado numa riqueza profunda, no âmbito físico, mental, emocional e espiritual. Ela está sedimentada na valorização de si mesmo e da sua vida, exatamente como você é *agora*. Quantas pessoas vivem no vazio, esperando o momento de começar a viver, em vez de viver o agora? Mas não precisa ser assim. Você tem todas as riquezas de que precisa dentro de si mesmo, para criar um mundo de abundância. Você só precisa acreditar. Um senso inabalável de valor próprio é o maior recurso que você pode desenvolver. Honre-se pelo que você já alcançou. Seja compassivo consigo mesmo. Sinta-se abençoado e confie que você pode manifestar tudo o que precisa e pode generosamente compartilhar o que tem com os outros. Isso cria um fluxo sem fim. Você vive num mundo abundante.

Lembre-se: "semelhante atrai semelhante":

- O que sua mente concebe, ela alcança. Portanto, pense positivamente.
- Meça seu valor próprio por quem você é, não pelo que possui.
- Concentre-se exatamente no que você deseja atrair, não no que você não tem.
- Busque a sua felicidade: faça o que ama.
- Seja grato e sinta-se abençoado.
- Acredite que você pode realizar seus sonhos.
- Aceite e aprecie as pequenas alegrias da vida cotidiana.
- Evite dúvidas, culpa e procrastinação. Deixe de lado o medo e o vitimismo.
- Compartilhe o que você tem e tenha prazer em dar.

CITRINO

Seu cristal da abundância

O citrino ensina você a viver em abundância e mostra o que é a verdadeira prosperidade. Com sua energia alegre e vibrante, ele é particularmente benéfico para atrair abundância e para dissolver bloqueios à sua criatividade. Essa pedra do entusiasmo carrega o poder do Sol, por isso é revigorante e estimulante em todos os níveis. Trabalhe com ela e você instintivamente manifestará o que mais deseja atrair. Use-a no corpo se quer aumentar a sua autoestima. Se levar um citrino na bolsa ou no bolso, você nunca ficará sem dinheiro.

ENTENDA ESSE CRISTAL

Uma pedra extremamente benéfica, o citrino é uma forma de quartzo e, portanto, amplifica e regenera a energia. Quase todos os citrinos amarelo-dourados ou castanho-amarelados vendidos nas lojas são ametistas tratadas termicamente ou quartzo enfumaçado, que carregam as forças da transmutação e da alquimia interior. Por ter passado, ele mesmo, pelo fogo da transmutação, esse cristal o acompanha em todos os lugares escuros da vida e o leva com segurança do outro lado, encorajando-o a reconhecer as dádivas dessa experiência.

O citrino é uma pedra extremamente útil em situações em que você precisa ganhar entendimento ou confiança para poder manifestar mudanças, ou nos casos de dúvida ou comportamento autodestrutivo que o impeçam de avançar. Sua cor amarela brilhante é como um raio de sol entrando na sua vida, e é impossível permanecer deprimido na presença dessa pedra irrepreensível.

O citrino natural é raro, mas extremamente poderoso. Leve e brilhante, ele ativa sua autoconfiança e ajuda você a reconhecer o seu próprio valor. O citrino enfumaçado natural (quartzo kundalini), por sua vez, carrega o poder da Kundalini, uma energia sutil, criativa, espiritual e sexual que reside na base da coluna vertebral. Ele aumenta sua paixão e ajuda você a se tornar o cocriador do seu mundo. Sua energia é tão brilhante que você naturalmente atrai paixão e poder, porque a negatividade não consegue se manter diante dessa pedra.

O CITRINO E A MANIFESTAÇÃO

O citrino atrai para você uma miríade de oportunidades, amizade, saúde, riqueza interior e riqueza exterior. É a pedra perfeita para usar quando quer estimular a paixão ou a alegria, ou aumentar sua criatividade, mas também ajuda a atrair o emprego perfeito, um aumento salarial ou uma nova casa.

Incentivando você a dividir o que tem com os outros, o citrino dá alegria a todos os que querem compartilhar. Esse cristal promove a calma interior, facilitando o acesso à sua sabedoria inata, auxiliando o livre fluxo dos sentimentos e o equilíbrio emocional. O citrino também é a pedra perfeita quando você está procurando manifestar algo por muito tempo e não parece estar conseguindo. Ele corrige a falta de energia subjacente, ajuda você a reconhecer e reverter qualquer sentimento de escassez em sua vida e desperta seu entusiasmo mais uma vez.

COMO USAR O CITRINO

O citrino é uma excelente pedra para transmutar energia e irradiar positividade. Guarde-o na bolsa ou num cofre para gerar prosperidade.

CRISTAIS ALTERNATIVOS

Topázio, Pedra do Sol

Pedras amarelas, como o brilhante topázio ou a ensolarada pedra do sol podem ser bons substitutos para o citrino, caso você não tenha essa pedra. Eles atraem para você tudo o que você deseja e vão ajudá-lo a manter uma visão otimista e entusiasmada.

Cornalina, Cinábrio, Jade, Turquesa

Outras pedras tradicionais para criar abundância são a cornalina, o cinábrio, o jade e a turquesa. Todas elas são usadas há milhares de anos como amuletos para apoiar o poder de manifestação.

Ritual do Citrino

Como eu crio abundância?

Os pentagramas, ou estrelas de cinco pontas, atraem naturalmente energia universal para manifestar tudo o que você deseja. Para este ritual você vai precisar de cinco pedras roladas ou cinco pontas de citrino (se estiver usando cristais com pontas, certifique-se de que estejam voltadas para a direção apropriada do pentagrama). Você também precisará de uma vela dourada ou verde, uma caneta marca-texto e um papel (de preferência papel verde ou dourado).

1. Desenhe uma grande estrela de cinco pontas no papel com a caneta marca-texto.

2. Segure os citrinos nas mãos e se conecte com o seu poder, sentindo-o irradiar para os seus chakras da manifestação. Depois, lentamente e com a intenção focada, estenda a mão esquerda e coloque um citrino em cada ponta da estrela, começando pela ponta voltada para cima. Enquanto você coloca as pedras, veja as pontas do pentagrama sendo ligadas por uma luz incandescente.

3. Coloque a vela no centro da estrela e acenda. Ao fazer isso, coloque a mão direita na testa.

4. Diga em voz alta com a intenção focada: "Eu invoco a abundante energia universal na minha vida para que se manifeste em tudo o que faço, penso, sinto ou digo. Que assim seja".

5. Sinta a energia universal sendo atraída para a estrela e irradiando para tudo ao seu redor.

6. Contemple silenciosamente a sua estrela por alguns instantes.

7. Ao soprar a vela, sinta que uma luz abundante está sendo enviada para todo o seu ser.

8. Desfaça a estrela e coloque um dos citrinos no bolso ou na bolsa. Agora desconecte sua energia e atenção da estrela e deixe o processo seguir seu curso.

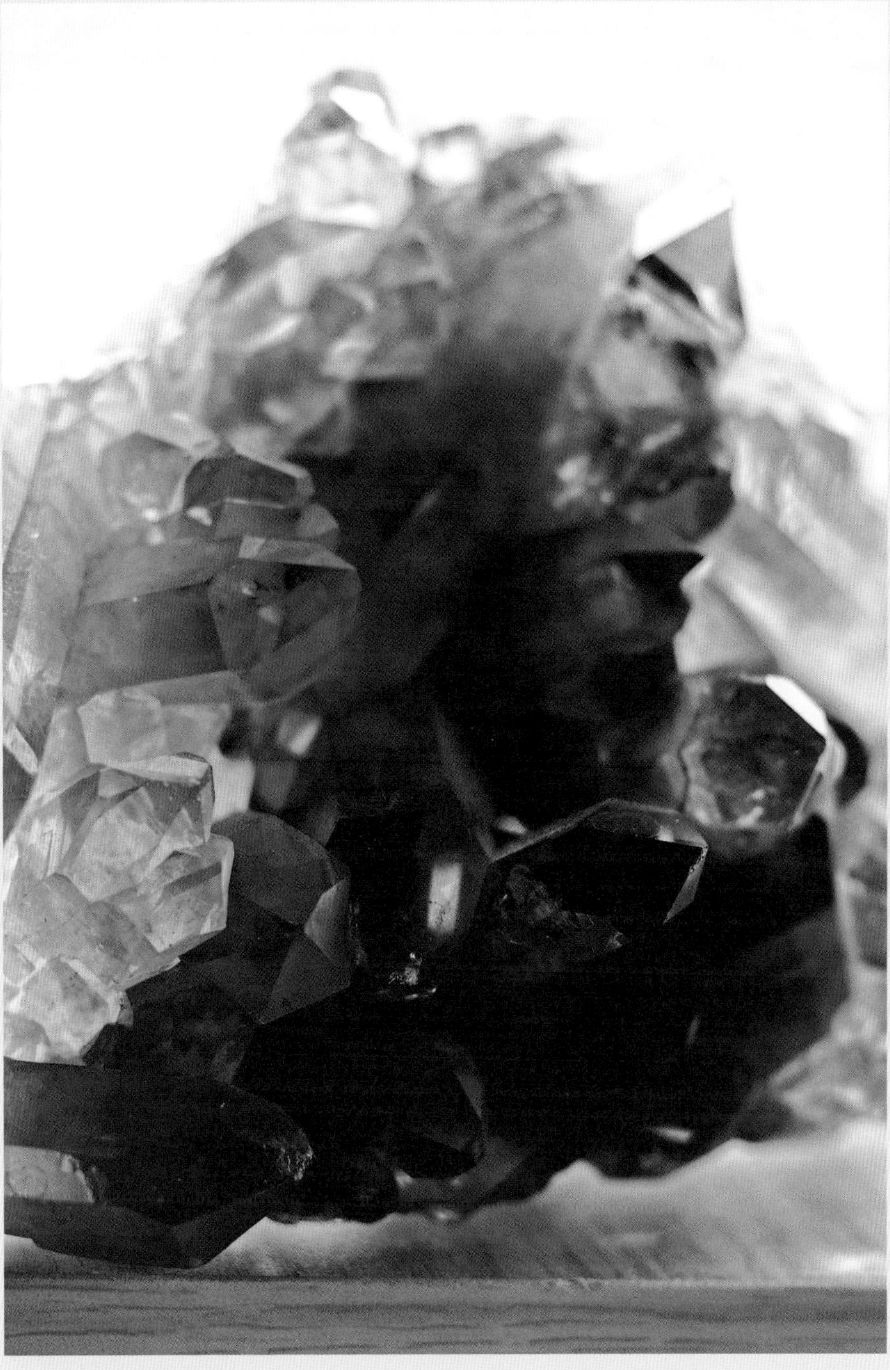

ALQUIMIA FINANCEIRA

A alquimia é o processo de transformar metais básicos em ouro. Em outras palavras, transformar um material básico num material superior, mais refinado, do ponto de vista energético. Uma metáfora para uma mudança psicológica profunda, a alquimia é um processo antigo e transformador que impulsionou a química e a metalurgia – e a metafísica. Os alquimistas passaram anos em seus laboratórios buscando os segredos da vida. Não se tratava apenas de um processo físico, pois também envolvia magia, e os alquimistas entendiam dos processos ocultos da manifestação e sabiam que a manipulação e a modelagem da energia em dimensões sutis criavam uma nova realidade. Eles também estavam cientes de que o modo como você pensa define quem você é, e que os pensamentos poderiam ser transformados. O segredo da alquimia era: "o que está em cima é como o que está embaixo e o que está embaixo é como o que está em cima". Os antigos alquimistas viam uma cadeia de correspondências que ia do mais elevado para o mais inferior e que atraía os poderes cósmicos e os devolvia num ciclo sem fim. Eles sabiam que somos o universo. Não há diferença em essência, apenas na forma que essa substância assume.

A alquimia financeira envolve pegar algo menor, ou aparentemente ausente, e manifestar isso de uma forma muito maior em quantidade, e com mais valor. Isso não tem que se basear puramente em dinheiro. A alquimia financeira abrange todos os tipos de riqueza, incluindo os nossos recursos internos, mas também pode ser usada para recuperar uma empresa que vai mal ou suas próprias finanças pessoais.

O que faz a alquimia funcionar:

- Estar totalmente presente no processo
- Ter uma intenção focada
- Estar centrado
- Ser imparcial
- Confiar em forças ocultas em ação
- Filtrar, destilar e transmutar o material básico em ouro espiritual
- Reconhecer que você é parte integrante do universo

GOLDSTONE
Seu cristal alquímico

A brilhante goldstone, semelhante a uma gema, é criada a partir do vidro e do cobre por meio de um processo alquímico e, portanto, ajuda você a realizar uma alquimia que pode transformar a sua vida. Esse cristal muitas vezes recebe o apelido de "pedra do dinheiro" e é, por tradição, usada para atrair riquezas de todos os tipos. Também é conhecida como a pedra da motivação e da ambição, pois ela impulsiona a motivação e a coragem para nos manifestarmos com sucesso.

ENTENDA ESSE CRISTAL

Segundo as lendas, a goldstone foi feita pela primeira vez em Veneza, no século XVII, pelos Miotti, uma antiga família de fabricantes de vidro. Há rumores, no entanto, de que ela foi criada muito antes disso, pelos alquimistas, que a procuravam para fazer ouro. Outra lenda diz que ela foi criada na Itália por uma antiga ordem monástica, a partir de uma receita secreta, zelosamente guardada, e por isso era conhecida como "ouro de monge".

Criada dentro de um alambique (um equipamento para destilar bebidas), num sistema que reduzia o oxigênio da atmosfera e adicionava cobre ou outros sais minerais ao vidro fundido, a goldstone foi a princípio considerada uma pedra preciosa nos tempos vitorianos. Ela é muito usada hoje na joalharia e para gerar riqueza. Sua aparência cintilante indica a razão do seu nome alternativo: "estelária" ou "pedra-estrela". Às vezes, também é chamada de "aventurina" e lembra um pouco o cristal de feldspato natural de mesmo nome, que há muito tem a fama de ser um cristal de manifestação e pode substituir a pedra artificial.

A GOLDSTONE E A MANIFESTAÇÃO

A goldstone é uma pedra geradora há muito tempo associada à ambição e ao impulso. Criada no fogo da transmutação, ela ajuda na introspecção, necessária para que você possa transformar os processos de pensamento que criam seu mundo exterior. Essa pedra instila em você uma autoconfiança inabalável e uma atitude positiva, que lhe permite correr riscos e tentar coisas novas. Na produção da goldstone, o vidro fundido tem que ser mantido a uma temperatura específica, até que os sais minerais tenham se cristalizado, revelando suas cores espetaculares. A goldstone de melhor qualidade é a que fica no centro da massa depois de resfriada, sendo a parte externa mais grosseira e menos cintilante. Para revelar toda sua beleza, essa massa deve ser aberta e alisada. Isso representa, portanto, os processos interiores e invisíveis que devem ocorrer antes de que a transmutação, visível, possa se manifestar. A pedra do sol ajuda você a encontrar a sua riqueza interior e lhe dá paciência para esperar até que seja o momento certo para que ela se manifeste. Cada uma das várias cores dessa pedra tem sua qualidade particular. Dizem que a goldstone azul faz com que você tenha mais sorte a cada dia que passa e lhe abre novas oportunidades.

COMO USAR A GOLDSTONE

A goldstone é uma pedra excelente para rituais e grades da prosperidade, pois a sua aparência brilhante estimula o processo em que "semelhante atrai semelhante". Quando usada na joalheria, ela mantém seus poderes transmutativos e sua pureza de intenção por um longo período. Essa bela pedra o lembra da sua riqueza interior e o ajuda a fazer o melhor possível com seus recursos naturais. Mantenha a goldstone no bolso ou na bolsa.

CRISTAIS ALTERNATIVOS

Aventurina, Jade

Pedra da prosperidade e, por tradição, um talismã dos jogadores, a aventurina, assim como o jade, pode ser um ótimo substituto para a goldstone. Uma das mais antigas pedras da abundância, o jade atrai sorte para quem o usa. Essa pedra faz você prosperar e o protege do mal. Ela também transforma pensamentos negativos em positivos. O jade azul-esverdeado é útil se você for uma pessoa impaciente, pois infunde serenidade e ajuda você a esperar enquanto o processo de manifestação se desenrola.

Olho de Tigre

O olho de tigre é útil se você deseja usar seu poder com sabedoria. Combinando a energia do Sol com o poder da Terra, essa pedra atrai a energia para a Terra, para que ela possa ser usada com sensatez, com um foco poderoso. Por tradição, o olho de tigre é considerado um talismã contra a inveja e o mau-olhado.

Grade de Goldstone

Como eu crio riqueza?

Em última análise, toda a sua riqueza vem dos seus próprios recursos interiores, que você manifesta no mundo. Para montar essa grade, você precisa, antes de mais nada, se voltar profundamente para dentro de si e identificar sua riqueza interior, ou seja, todas as capacidades e habilidades que você já tem. Purificando e removendo a escória, destila-se o ouro puro. Essa grade envia essas qualidades douradas para o mundo, de modo que a Lei da Atração entre em jogo e traga de volta essas qualidades ampliadas mil vezes. Essa grade é particularmente eficaz quando preparada nos três dias que precedem a Lua crescente, o que facilita a introspecção, e colocada em ação na Lua cheia, o que facilita a manifestação. Você vai precisar de dez goldstones (ou aventurinas) para essa grade, além de uma grande folha de papel (de preferência colorida) e uma caneta marca-texto dourada.

1. Segure as goldstones nas mãos e conecte-se com o poder desses cristais, sentindo-o se irradiar para os seus chakras da manifestação (veja a p. 30). Dedique-os para ajudá-lo a identificar seus recursos interiores e manifestá-los para o mundo. Segure as pedras no colo com a sua mão que não escreve.

2. Sente-se calmamente com o papel e a caneta na mão e anote todos os recursos, capacidades e habilidades que você tem, não importa o quanto pareçam pequenos. Pergunte a si mesmo: "O que estou escondendo? Que recursos eu tenho? Que riquezas guardo dentro de mim? O que não estou reconhecendo em mim mesmo?". Agora deixe que as respostas surjam em sua mente. Anote-as por escrito. Não reprima nenhum pensamento e dê crédito a si mesmo por todas as suas qualidades positivas.

3. Quando você tiver anotado todas as suas qualidades, deixe a lista de lado e só volte a pegá-la no dia seguinte. E no dia depois do seguinte. E no seguinte. Adicione à lista todas as coisas que surgirem em sua mente, desde o dia em que fez sua lista original.

4. Agora pegue sua lista de qualidades, sua folha de papel, sua caneta marca-texto dourada e suas dez goldstones. Desenhe no papel uma grande espiral no sentido anti-horário usando a caneta marca-texto. Comece do centro e siga para fora, terminando a espiral no alto da página.

5. Começando do centro, vá colocando as goldstones ao longo da espiral com a mão esquerda. Ao colocar cada pedra, reconheça um recurso interior que você descobriu; assopre essa qualidade no cristal, dizendo: "Eu sou rica, pois tenho

ou sou... [nomeie a qualidade] e envio isso para o mundo". Quando você tiver completado a espiral, volte para o centro e toque em cada pedra, enquanto adiciona ainda mais qualidades à grade.

6. Quando a grade estiver totalmente carregada com todas as qualidades interiores que você descobriu, adicione outras qualidades que você gostaria de ter ou que o ajudariam no processo de manifestação.

7. Coloque a mão direita na testa. Sinta intensamente o processo de transmutação à medida que as qualidades sinergizam e voam para o mundo, alquimizando sua riqueza interior em riqueza exterior.

8. Tire sua atenção do processo e deixe a grade fazer o seu trabalho.

9. Depois de uma semana, remova as pedras. Desenhe uma espiral no sentido horário sobre a primeira e reorganize as goldstones para atrair tudo de que você precisa para progredir na vida.

AUMENTE A SUA SAÚDE
E O SEU BEM-ESTAR

O que você pensa e sente tem um poderoso efeito sobre o seu bem-estar. Sua atitude com relação à vida acaba por se manifestar no corpo físico. Emoções como culpa ou raiva são precursoras insidiosas da doença. A decisão de cultivar pensamentos e emoções positivas aumenta muito a sua capacidade de permanecer saudável. Porém, o seu bem-estar geral não depende apenas do bem-estar físico. Ele é resultado de um estado interior de calmo centramento e estabilidade interior.

A força vital universal, ou Ki, flui pelo seu corpo, passando por meridianos sutis (canais) e banhando todos os seus órgãos e células. Os cristais de cura contêm quantidades significativas dessa energia Ki, que são transferidas para o seu corpo através dos seus chakras ou órgãos. Os chakras controlam a circulação de energia pelo seu corpo e, quando estão bloqueados, podem causar doenças, que podem ser evitadas com as vibrações sutis dos cristais. Essas pedras também contêm ondas bioescalares, que auxiliam na cura e apoiam o seu sistema imunológico. O sistema imunológico é sua primeira linha de defesa e, quando funciona com eficiência, mantém você bem. Se você pegar uma infecção, o sistema imunológico saudável abrevia o tempo de recuperação. Doenças como a síndrome da fadiga crônica e infecções virais ocorrem quando o sistema imunológico é hipoativo; outras, como a artrite reumatoide e o lúpus, ocorrem quando ele é hiperativo. Os cristais ajudam você a manter o equilíbrio. O principal ponto de cura do seu sistema imunológico é a glândula timo (o chakra do Coração Superior, veja a p. 77), localizada no centro do peito. Estimule esse ponto para manter a sua saúde.

A doença pode ser criada de maneiras sutis. Se você receber um choque no corpo físico, emocional ou mental, seus chakras se desequilibram e seu corpo reage. Quando você é atacado por um vírus ou tem o hábito de cultivar pensamentos negativos, o resultado é a doença. O estresse contínuo ou a falta de sono acabam se manifestando como uma doença física. Se você está sem energia, isso também afeta a sua resistência. A ansiedade e o medo crônicos também enfraquecem o corpo. Pesquisas mostram que, se você conseguir transmutar essas experiências tóxicas em experiências positivas, a cura intercelular acaba recuperando o DNA danificado e você passa a manifestar mais saúde e bem-estar.

QUE SERÁ

Seu cristal da saúde e do bem-estar

A Que Será é uma pedra de cura incrível, que contém uma dose elevada de Ki e ondas bioescalares para uma saúde ideal. Ela ajuda você a manter seu corpo físico totalmente energizado e em equilíbrio, e a entender, e curar, as forças psicossomáticas e perturbações energéticas que causam as doenças. Ela mantém o sistema imunológico físico e o psíquico funcionando de forma eficiente. Com a ajuda dessa pedra, você pode catapultar o seu bem-estar ao nível máximo.

ENTENDA ESSE CRISTAL

Nascido das megaforças que criaram o nosso universo, a Que Será é uma poderosa combinação sinérgica de minerais com vibrações extremamente altas e, no entanto, profundamente telúricas. Ela contém quartzo, feldspato, calcita, caulinita, ferro, magnetita, leucozona e clinozoisita, todas com excelentes propriedades de cura. Essa pedra faz tudo: acalma, energiza, reequilibra e restaura. Segurá-la na mão é como colocar o dedo numa tomada; ela ilumina todas as células do seu corpo.

A Que Será ajuda você a entrar em sintonia com os Registros Akáshicos (informações sobre tudo o que ocorreu e ocorrerá) do propósito da sua alma e ver todos os resultados possíveis. Essa pedra insiste para que você esteja de posse do seu poder pessoal. Se você assumiu funções ou inconscientemente assumiu um papel que faz o mundo vê-lo como "uma boa pessoa", a Que Será o liberta, ensinando que esse ato de "serviço" é na verdade um serviço que você presta a si mesmo. Isso liberta você para ser verdadeiramente altruísta. Com a Que Será não existem erros, apenas experiências de aprendizagem. Se você tem uma tendência a insistir em problemas, esse cristal o ajuda a encontrar soluções e ter confiança nas suas ações. Com essa pedra, você cocria o seu próprio futuro. (A ilanoíta contém uma vibração mais reduzida.)

A QUE SERÁ E A MANIFESTAÇÃO

A Que Será age como uma bateria para ativar seu poder e manifestar bem-estar. Ela energiza o chakra da Estrela da Terra (seu elo com a Mãe Terra), o chakra da Base, o chakra do Sacro e o chakra do Portal Estelar (um portal cósmico) e, quando colocada abaixo do umbigo, ela ativa a energia que fica no Dan-tien, acima do chakra do Sacro (veja a p. 77). Com essa pedra você realmente cria a sua própria realidade.

COMO USAR A QUE SERÁ

Um poderoso portador da energia Ki e excelente agente de cura, o cristal Que Será tem uma forte energia bioescalar, em forma de onda, que é facilmente acessível. Um escudo contra o Wi-Fi e outros poluentes eletromagnéticos, ele equilibra e recarrega os meridianos e os órgãos dos corpos sutil e físico. Coloque-a onde quer que exista doença ou falta de energia. Esse cristal ativa neurotransmissores para otimizar o circuito energético do corpo. A Que Será é excelente para o sistema imunológico, por propiciar o equilíbrio. Se o sistema imunológico for hiperativo, essa pedra serve para sedá-lo; se ele for hipoativo, ela o estimula. Ao primeiro sinal de infecção, fixe essa pedra com fita adesiva sobre o timo. Se você acha impossível dizer não, mantenha a Que Será no bolso, pois ela o ajudará a dizer sim apenas para o que lhe é benéfico e para o seu bem maior.

CRISTAIS ALTERNATIVOS

Heliotrópio, Âmbar

Uma das pedras de cura mais antigas do mundo, o heliotrópio é usado há mais de cinco mil anos e sempre foi associado ao fortalecimento do sistema imunológico e à desintoxicação dos órgãos. Essa pedra mantém a pureza energética do sangue, que nos tempos antigos era considerado a força vital. O heliotrópio supostamente tem propriedades mágicas e acredita-se que ele afaste entidades indesejáveis que causam doenças. O âmbar tem uma história de cura semelhante, pois essa pedra absorve toxinas e estimula o sistema imunológico a manter o bem-estar ideal.

Quartzo, Ametrina

O quartzo é uma pedra mestra da cura. Sua matriz interna absorve, amplifica e projeta energia. A ametrina, por ser uma mistura do energizante citrino e da calmante ametista, mantém a saúde ideal. Essa pedra é útil para combater doenças crônicas, pois traz uma visão das causas sutis das doenças e indisposições.

Rede Imunoestimulante de Que Será

Como eu mantenho meu bem-estar no nível ideal?

Essa rede terapêutica de Que Será infunde um forte Ki em seu sistema imunológico e estimula o sistema linfático a drenar toxinas para fora do corpo. A Que Será também pode restaurar o equilíbrio dos chakras. Você vai precisar de um ou mais cristais de Que Será, além de uma pedra de quartzo transparente e de quartzo enfumaçado.

1. Segure sua pedra Que Será na mão e se conecte com o poder dessa pedra, sentindo-o irradiar para os seus chakras da manifestação e por todo o seu corpo.

2. Para estimular o sistema imunológico, deite-se e coloque uma Que Será sobre a sua glândula timo (a cerca da largura de uma mão abaixo da sua garganta).

3. Se possível, coloque no centro da testa um quartzo transparente (apontando para baixo) e aos seus pés um quartzo enfumaçado (apontando para baixo).

4. Coloque as mãos na dobra da virilha, uma de cada lado, e deite-se em silêncio por dez minutos.

5. Para reequilibrar os chakras, você precisa de uma pedra de Que Será para cada chakra. Uma alternativa é colocar uma única pedra Que Será por um minuto ou dois em cada chakra, começando pelos pés. Se você estiver usando uma única pedra, limpe-a antes de passá-la para o chakra seguinte, esfregando na pedra uma gota de essência de limpeza própria para cristais.

DOENÇAS E DESEQUILÍBRIOS NOS CHAKRAS

Os chakras são pontos de ligação entre a sua aura e o seu corpo físico. Cada chakra se liga a certos órgãos e doenças. Os chakras abaixo da cintura tendem a ser principalmente físicos, embora possam afetar as glândulas endócrinas e a personalidade. Aqueles na parte superior do tronco estão alinhados ao corpo emocional e às doenças psicossomáticas. Os chakras localizados na cabeça funcionam com base na mente ou na intuição, mas podem ter repercussões físicas. Desequilíbrios, bloqueios ou perturbação nos chakras causam doenças, mas os chakras podem ser restaurados e voltar ao equilíbrio se forem tratados com um cristal de cura.

CHAKRA	DOENÇAS
Chakra da Estrela da Terra (abaixo dos pés)	As doenças são letárgicas: síndrome da fadiga crônica, artrite, câncer, distúrbios musculares, depressão, distúrbios psiquiátricos, doenças autoimunes
Chakra da Base (base da coluna)	As doenças são constantes, de baixa intensidade ou de surgimento repentino: rigidez nas articulações, dor lombar crônica, dor nos rins, retenção de líquidos, distúrbios reprodutivos ou retais, constipação, diarreia, varizes ou hérnias, bipolaridade, distúrbios glandulares, de personalidade e ansiedade, doenças autoimunes
Chakra do Sacro (abaixo do umbigo)	As doenças são tóxicas e psicossomáticas: TPM e cãibras musculares, doenças no aparelho reprodutor, impotência, infertilidade, alergias, vícios, distúrbios alimentares, diabetes, disfunção no fígado ou nos intestinos, dor crônica nas costas, infecções urinárias
Chakra do Plexo Solar (acima da cintura)	As doenças são emocionais e difíceis: úlceras estomacais, síndrome da fadiga crônica, desequilíbrios nos níveis de adrenalina tipo "lutar ou fugir", insônia, ansiedade crônica, problemas digestivos, cálculos biliares, problemas no pâncreas, problemas de pele, distúrbios alimentares, fobias
Chakra Esplênico (sob a axila esquerda)	As doenças surgem do esgotamento energético e emocional: letargia, anemia, baixo nível de açúcar no sangue
Chakra do Coração (sobre o coração)	As doenças são psicossomáticas e reativas: ataques cardíacos, angina, infecções no peito, asma, ombro congelado, úlceras
Chakra do Coração Superior (entre o coração e a garganta)	Doenças seguem o coração: arteriosclerose, infecções virais, zumbido no ouvido, epilepsia
Chakra da Garganta (garganta)	As doenças são ativas e bloqueiam a comunicação: dor de garganta/amigdalite, inflamação da traqueia, sinusite, resfriados e infecções virais constantes, zumbido no ouvido, infecções de ouvido, dor na mandíbula e doenças das gengivas, problemas dentários, desequilíbrios da tireoide, hipertensão arterial, *TDAH*, autismo, deficiência de fala, doenças psicossomáticas
Chakra do Terceiro Olho (acima e entre as sobrancelhas)	As doenças são intuitivas e metafísicas: enxaquecas, esgotamento mental, esquizofrenia, catarata, irite e outros problemas oculares, epilepsia, autismo, problemas de coluna e distúrbios neurológicos, sinusite e infecções de ouvido, pressão alta, "irritações" de todos os tipos
Chakra da Coroa (topo da cabeça)	As doenças surgem da desconexão: síndrome metabólica, sensação de "mal-estar" sem causa conhecida, distúrbios do sistema nervoso, sensibilidade eletromagnética e ambiental, depressão, demência, síndrome da fadiga crônica, insônia ou sonolência excessiva, distúrbios do "relógio biológico", como o *jetlag*
Chakras de Vidas Passadas (atrás das orelhas)	As doenças são crônicas, especialmente autoimunes ou deficiências endócrinas, disfunções genéticas ou físicas

HARMONIA E COOPERAÇÃO

A manifestação ideal é altruísta e está em harmonia com o universo. Os cristais nos ensinam que, num nível básico, somos todos uma única família, compartilhando literalmente a mesma essência. Como John van Rees, o fundador da loja de cristais Exquisite Crystals, disse uma vez: "Quando uma pessoa está com dor ou sofre com a pobreza, isso dói em todos nós". Eu acrescentaria que, por causa dessa interconexão, se alguém utilizar um cristal para prejudicar outra alma, levar vantagem ou se beneficiar em detrimento de outras pessoas, todos acabam sofrendo (incluindo a pessoa que causou o mal). Mas, se trouxermos mais abundância, cooperação e paz para a nossa vida, todos se beneficiam.

Mas por onde começamos? Bem, como John van Rees também disse, é dentro de nós que precisamos cultivar a paz. Do pessoal para o coletivo – essa é a resposta. Se manifestarmos harmonia e cooperação pacífica dentro de nós mesmos, essas qualidades vão irradiar para o Todo. Não podemos mudar o mundo sem mudarmos a nós mesmos. Se criamos nossa realidade com cada pensamento e ação, a paz e a alegre abundância têm que começar dentro de nós. Essa é a abordagem das borboletas, não do melado: ego egoísta (melado) nos faz "grudar" no passado, enquanto as serenas borboletas voam livremente.

Estamos entrando na Era de Aquário. Esse signo humanitário de fraternidade indaga como criamos nosso futuro. Ele insiste que assumamos a responsabilidade pessoal por nós mesmos, pelo nosso planeta e por tudo que existe nele. Salienta que, quando uma pessoa muda, todos saem ganhando. Sob o signo de Aquário, com um pequeno ajuste, um pouco mais de consciência e trabalhando juntos, podemos deixar de lado nosso ego individual e nos reconhecermos como uma família anímica, com um único objetivo: a evolução da consciência em todas as suas formas. Algumas almas corajosas devem seguir na frente, mas, sob Aquário, elas vão olhar ao redor e dar a mão para os que seguem mais atrás.

Podemos sair do melado e nos manifestar de coração aberto, honrando cada jornada única da alma. Nós somos borboletas criando um novo universo em seu voo, aperfeiçoando nossa alma até que ela fique radiante. Agora imagine como um milhão de borboletas cristalinas batendo suas asas em uníssono poderiam transformar nosso mundo.

QUARTZO ESPÍRITO
Seu cristal da harmonia e da cooperação

O quartzo espírito sintetiza os esforços grupais e proporciona uma harmonia produtiva. Ele se forma em torno de um núcleo central de jaspe ou de alguma outra pedra telúrica. Uma drusa com pequenos cristais de quartzo de alta vibração recobre esse núcleo, lembrando-nos de que, no fundo, somos todos um só corpo e dependemos uns dos outros. Esse cristal também nos lembra de que a soma do todo é maior do que suas partes constituintes, e que chegamos muito mais longe quando há cooperação em vez de competição.

ENTENDA ESSE CRISTAL

O quartzo espírito cresce num agrupamento, mesmo que tenha a aparência de pontas separadas. Com várias camadas, uma parte depende da outra e nenhuma parte existe sem a sustentação do cristal todo. Ele simboliza a família espiritual com a qual cada alma empreende a sua jornada de evolução. Ela recebe amparo desse grupo de almas, mas também o ajuda a avançar. O quartzo espírito de alta vibração carrega o amor universal e induz profundos estados de transe, nos quais profundas mudanças podem ocorrer no modo como você percebe e cria a realidade. Com esse cristal você atravessa as multidimensões da consciência para criar harmonia e alegre cooperação para o benefício de todos.

Cada uma das diferentes cores do quartzo espírito ajuda num aspecto diferente da manifestação e cura as causas subjacentes da manifestação ineficaz. O quartzo espírito "ametista" abre o chakra do Coração Superior, alinhando você com a eternidade do ser, e possibilita a transmutação de abusos de poder, libertando-o de limitações e o incentivando a manifestar o seu mais elevado potencial espiritual. O quartzo espírito "citrino" ajuda você a se sentir centrado em seu poder e direciona a sua vida com base no que sente em seu íntimo. Essa pedra purifica a intenção e é útil para acessarmos a verdadeira abundância, ao mesmo tempo que nos liberta da dependência ou do apego às coisas materiais; nos negócios, ela se concentra nas metas e planos. O quartzo espírito "aura chama" fornece o que cada alma individual precisa para a sua evolução espiritual. O quartzo espírito "enfumaçado" limpa e libera as emoções reprimidas ou os estados de doença e memórias traumáticas, incluindo as transmitidas à linhagem ancestral e que sabotam a manifestação das gerações posteriores.

O QUARTZO ESPÍRITO E A MANIFESTAÇÃO

O quartzo espírito auxilia na cura da discórdia e ajuda a superar o comportamento obsessivo e os padrões tóxicos profundamente arraigados. Incentivando sonhos lúcidos, essa pedra facilita todo o trabalho metafísico, principalmente reenquadrando o passado. Trazendo luz ao conflito e à confusão, ela cria uma abordagem psicológica suave e eficaz, e possibilita uma desintoxicação emocional, que elimina os refugos do passado, reajustando o esquema etérico para a vida presente e curando a memória celular. Ela aponta importantes conexões kármicas e destaca a dádiva da justiça kármica em situações traumáticas, promovendo o perdão para todos.

COMO USAR O QUARTZO ESPÍRITO

A meditação com o quartzo espírito proporciona *insights* sobre os problemas vivenciados dentro de uma comunidade ou de uma família. Ele pode ser ativado para amenizar esses problemas e para manifestar harmonia. Coloque-o num altar para incentivar a cooperação dentro de um grupo e para curar o planeta. Quando colocado numa grade de cura ou de abundância, o quartzo espírito também limpa outras pedras e melhora a energia delas.

CRISTAIS ALTERNATIVOS

Quartzo Vela, Drusa de Quartzo Aurora, Aglomerado de Quartzo

O quartzo vela e a drusa de quartzo aurora (anandalita®) transmitem tranquilidade e ajudam a ver além dos limites das circunstâncias cotidianas e a curar a linhagem ancestral. Conectados ao amor divino que existe no cerne do seu ser, essas pedras mostram quando é mais benéfico manter uma situação de apoio mútuo e quando é melhor ficar sozinho. Esses cristais facilitam o rompimento – com graça amorosa – de uma relação que não lhe serve mais. Quando colocados no centro de um grupo, esses cristais irradiam amor incondicional, criando harmonia. O aglomerado de quartzo funciona do mesmo jeito.

Calcita

A calcita é muito valorizada por sua pureza e sua capacidade de propiciar harmonia num grupo. Colocada num ambiente, ela transmuta energias negativas e invoca a consciência superior para facilitar a cooperação no grupo.

Meditação do Quartzo Espírito

Como eu manifesto harmonia na minha vida e na minha comunidade?

A harmonia na sua vida e na sua comunidade começa com a paz em sua própria alma. Se você tem paz e serenidade inabaláveis em seu coração, então não pode ser influenciado por eventos externos e está sempre cultivando a harmonia. Você não precisa fazer nada para encontrar a paz ou criar harmonia. A paz é quem você é e o que você irradia para a sua comunidade. É uma escolha que você faz e que ninguém pode tirar de você. A paz de espírito é alcançável, não importa onde você esteja. E ela gera ainda mais paz e harmonia.

1. Segure seu quartzo espírito na mão e se conecte com o poder dessa pedra, sentindo-o irradiar para os seus chakras da manifestação (veja a p. 30) e por todo o seu ser.

2. Com os olhos suavemente focados, olhe com atenção o seu quartzo espírito. Note como cada cristal minúsculo se encaixa firmemente entre os outros e ocupa o seu próprio espaço. Observe como os cristais se agarram ao núcleo central para criar um todo. Sinta como um apoia o outro e ainda assim continua a ser uma parte individual do todo.

3. Agora feche os olhos e concentre-se no sentimento pacífico do cristal irradiando para seus braços e pés. Sinta como seus pés se conectam com o planeta abaixo de você. Sinta a estabilidade que a terra lhe dá: como ela se une ao núcleo do cristal, num conjunto harmonioso, dando força e estabilidade ao seu ser central.

4. Agora, concentre-se na sensação de paz do cristal irradiando para os seus braços e para o seu coração. Guarde essa paz em seu coração. Guarde-a no seu eu essencial. Crie um reservatório de paz e serenidade ao qual possa recorrer a cada momento do dia ou da noite.

5. Deixe a paz irradiar para a sua cabeça e se estabelecer em sua mente. Deixe-a acalmar os seus pensamentos e harmoni-

zá-los com o seu ser espiritual. Saiba que você é uno com o universo. Descanse nessa paz.

6. Sinta a totalidade do cristal em suas mãos e perceba o modo como ele ressoa com a comunidade ao seu redor. Deixe a paz irradiar do cristal e dos chakras da manifestação nas suas mãos, para que ela preencha seu ambiente imediato e o mundo mais amplo à sua volta.

7. Com a mão esquerda, coloque o cristal num lugar especial, de onde ele possa continuar a irradiar paz para o mundo. Ao mesmo tempo, toque a testa com a mão direita.

8. Desconecte sua atenção, mas mantenha o núcleo interior do seu corpo, da sua mente e do seu espírito em paz. Repita a meditação pelo menos uma vez ao dia, mesmo que seja apenas por um minuto ou dois.

COMO ATRAIR
PROSPERIDADE

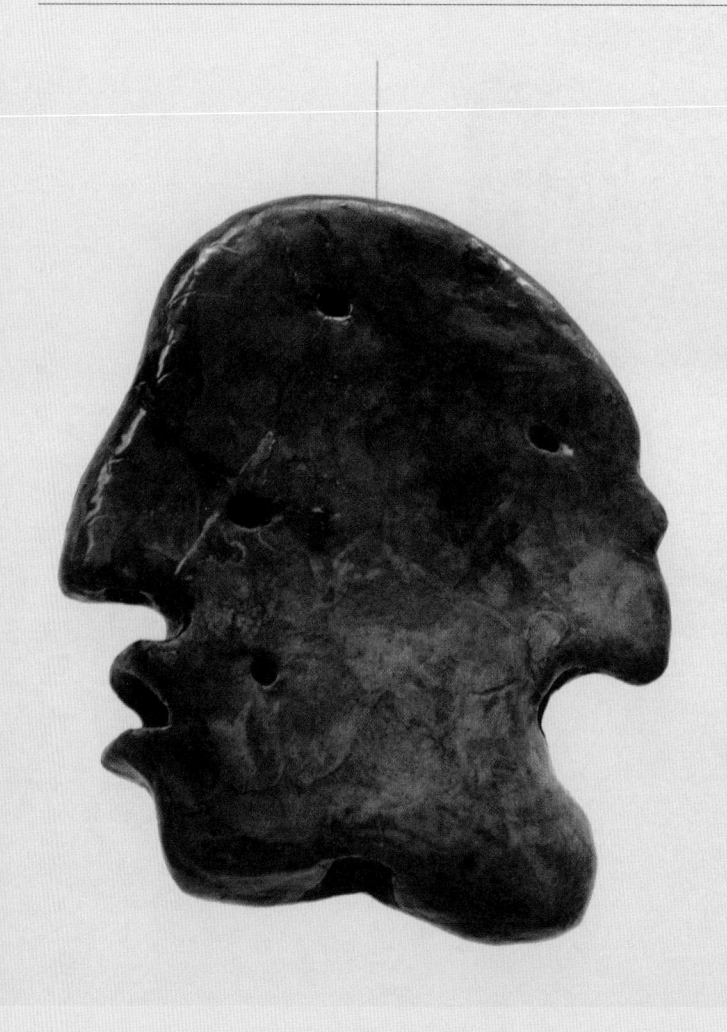

Se você espalhar prosperidade para aqueles ao seu redor, compartilhando o que você tem e sendo grato por isso, a abundância será atraída de volta para você. A atração da prosperidade repousa no princípio, "o que está em cima é como o que está embaixo e o que está embaixo é como o que está em cima", que também pode ser traduzido como "o modo como você pensa define quem você é". A manifestação da prosperidade é apoiada pelas propriedades poderosas dos cristais sintonizados com ela. Muitos desses cristais têm sido usados há milhares de anos e foram assim imbuídos de uma potente energia de manifestação através da crença e da intenção concentrada, que reforçam seus poderes num círculo autossustentável de benevolência.

Algumas pessoas criam sua própria prosperidade, enquanto outras confiam passivamente no destino ou na sorte. Algumas pessoas não conseguem progredir devido à sua percepção da pobreza e a crença de que, para ser rico, é preciso ter dinheiro, ao passo que outras sabem que, se tiverem fé, sempre terão o suficiente. Quando reconhece que a abundância é um fluxo constante e universal com o qual você pode se harmonizar, você cria sua própria sorte. A gratidão faz parte desse fluxo: ser grato pelo que você tem e reconhecer as bênçãos na sua vida faz com que elas se multipliquem. Faça questão de dizer obrigado por tudo o que você tem, mesmo que a bênção seja mínima. É nas pequenas coisas que sua vida fica próspera. Você ficará surpreso ao ver que o universo o proverá com as coisas que deseja, mesmo que você não tenha pedido. Quanto mais você presta atenção na sua prosperidade mais ela aumenta exponencialmente. Você passa a reconhecer que tem riquezas que não estão relacionadas com dinheiro. São seus recursos interiores, as amizades e experiências que você tem, e o valor que você coloca nisso, que fazem você se sentir realmente rico.

No entanto, você pode aproveitar as forças de manifestação que emanam através de todo o universo, atraindo-as para apoiar e expandir a sua manifestação. É aqui que entra uma combinação de triângulos de atração e seus chakras. Integre os dois e você conseguirá fortalecer todo o seu sistema de energia sutil (uma cápsula de energia biomagnética que funciona em harmonia com os corpos físicos e psíquicos, para mediar o fluxo de energia), magnetizando-o para atrair prosperidade em todos os níveis.

JADE
Seu cristal da prosperidade

O jade é uma pedra da prosperidade, usada há muito tempo para atrair abundância de todos os tipos. Ela ajuda você a ser grato pelo que já tem. Segundo uma antiga tradição da Nova Zelândia, quando o jade é oferecido e recebido com amor, ele incorpora o espírito daqueles que já o usaram e atua como um elo entre quem dá e quem recebe. Transmitida por herança de família, essa pedra carrega o espírito dos ancestrais.

ENTENDA ESSE CRISTAL

Uma pedra da prosperidade que dá sorte a quem gosta de jogos de azar, o jade também ajuda você a se reconectar com o fluxo universal e com os dons kármicos desenvolvidos ao longo de muitas vidas. A meditação com essa pedra o faz encontrar seus verdadeiros talentos. Ela ajuda você a ver o valor real do dinheiro e seu próprio valor, para que você perceba que tudo de que precisa já está dentro de você. Uma pedra profundamente espiritual, o jade o encoraja a reconhecer que, como ser espiritual, você tem acesso a poderes muito mais amplos e a multidimensões. Ele o encoraja a se tornar tudo o que você pode ser.

O JADE E A MANIFESTAÇÃO

Se você tem problemas de dinheiro (seja pela falta dele, por ter um impulso incontrolável para gastar ou por adorá-lo como um falso deus), o jade irá ajudá-lo a superá-los. Esse cristal sereno lembra você de nutrir seus talentos e maximizar o seu potencial, atraindo a sabedoria dos ancestrais e as habilidades transmitidas pela família. Incentivando a autossuficiência, o jade simboliza a pureza de intenções, tão necessária para a manifestação clara. Ela também o ajuda a pensar lateralmente e a encontrar soluções criativas para os problemas. Ao mesmo tempo, ela atrai pessoas com integridade e perspicácia.

O jade integra sua personalidade com seus recursos internos, lembrando-lhe de que "Deus ajuda aqueles que se ajudam". Ela o ajuda a fragmentar ideias complexas para que elas se tornem menos assustadoras para se pôr em prática. O jade é uma pedra protetora, que o auxilia a conservar e aumentar o que já tem, mesmo quando isso parece muito pouco.

COMO USAR O JADE

Os chineses acreditam que o jade transfere suas virtudes para o corpo físico e purifica suas energias. Quando colocado no chakra do Soma (meio caminho ao longo da linha do cabelo) ou debaixo do travesseiro, o jade promove sonhos lúcidos e também o ajuda a realizar seus sonhos. Use-o para descobrir a melhor maneira de manifestar o que você está procurando e reconhecer o que pode estar bloqueando seus esforços. Ela também libera crenças nucleares negativas. Use o Jade como joia ou mantenha-o na carteira para convidar a prosperidade a fazer parte da sua vida.

O jade vermelho, o tipo mais estimulante, ajuda você a transformar a raiva numa energia que fortaleça a sua manifestação. Use o jade azul-esverdeado para fazer progressos constantes na manifestação dos seus objetivos; essa pedra ajuda você se estiver se sentindo oprimido pelas circunstâncias além do seu controle. O jade marrom aterra as suas energias e o ajuda a se adaptar ao seu ambiente, enquanto o jade lavanda o incentiva a estabelecer limites e evita os excessos emocionais. O jade alaranjado ensina você sobre a interconexão entre todas as coisas. O jade branco o ajuda a acessar todas as informações ao avaliar as situações. O jade que os maoris da Nova Zelândia chamam de Pounamu é um mestre da cura e um poderoso cristal da manifestação.

CRISTAIS ALTERNATIVOS

Goldstone, Aventurina, Citrino

A goldstone, produzida por meio de um processo alquímico, é muitas vezes conhecida como "a pedra do dinheiro". Ela é usada para manifestar a sorte de todos os tipos. A aventurina, que se assemelha à goldstone e ao citrino, também há muito tempo tem a fama de ser uma poderosa pedra para a manifestação da abundância. Essas pedras atraem para a terra a força energizante do Sol, potencializando a manifestação e atraindo prosperidade.

Olho de Tigre

Muito usado como talismã contra o azar e maldições, o olho de tigre ajuda a harmonizar as forças positivas e negativas do universo, apoiando a mudança necessária. Ele fortalece sua força de vontade, ensina o uso correto do poder e ajuda você a definir a sua intenção, para que possa manifestar no mais alto nível.

Grade de Jade

Como eu manifesto prosperidade?

O jade sempre atraiu sorte, e essa grade combina as poderosas propriedades de manifestação dos triângulos e os chakras com essa pedra da abundância. Os triângulos sobrepostos criam uma grade multidimensional que segue o princípio "como acima, assim embaixo" (numa versão abreviada), que aproveita a energia universal da sorte contida no jade e no universo, para que a abundância se manifeste na Terra. Embora você possa fazer essa grade sozinho, um ajudante facilita a colocação dos cristais e permite que você concentre a sua intenção no que está procurando manifestar. Um ajudante também pode ligar os triângulos à medida que os cria, usando uma varinha de jade ou quartzo.

1. Segure duas pedras grandes de jade e onze pedras roladas nas mãos e se conecte ao poder dessas pedras, sentindo-o irradiando para os seus chakras da manifestação e para todo o seu ser.

2. Declare sua intenção claramente e então se deite numa posição confortável.

3. Coloque uma pedra grande de jade voltada para baixo, cerca de 30 cm abaixo dos seus pés, e outra também voltada para baixo, acima da sua cabeça.

4. Abra cada chakra da manifestação (veja p. 30). Deixe as mãos a uma distância de 30 cm do corpo, com as palmas das mãos voltadas para dentro.

5. Abra os chakras Básico e do Sacro, imaginando que eles estão se abrindo como as pétalas de uma flor. Em sua mente, forme um triângulo ligando as palmas das suas mãos ao Dan-tien, que fica acima do chakra do Sacro. Esse triângulo abrange os chakras da Base e do Sacro. Coloque uma pedra rolada de jade em cada um desses pontos (mãos e Dan-tien) e, se você tiver um ajudante, peça

a ele para unir as pontas do triângulo com uma varinha. Se não tiver um ajudante, faça isso mentalmente.

6. Abra seus chakras do Plexo Solar, do Coração e da Garganta. Do alto do chakra do Sacro (logo abaixo do Dan-tien), desenhe a base de um triângulo mentalmente e leve o ápice até o coração (ver diagrama). Coloque uma pedra rolada de jade em cada vértice do triângulo.

7. Faça outro triângulo de interseção do chakra do Plexo Solar até o chakra do Terceiro Olho, que se abre. Coloque uma pedra rolada de jade em cada vértice desse triângulo. Peça ao seu ajudante para ligar as três pontas com uma varinha ou faça isso mentalmente. Os triângulos abrangem e ligam seus chakras do Plexo Solar, do Coração e da Garganta.

8. Visualize o que você deseja manifestar. Sinta a energia nas palmas das mãos enquanto sua atenção se move através dos triângulos, até o chakra da Terceiro Olho.

9. A partir do jade acima da sua cabeça crie um triângulo invertido, que se estende para os lados e para baixo até um ponto cerca de 30 cm abaixo dos seus pés, ativando o chakra da Estrela da Terra, onde já há outra pedra de jade. A abertura desse chakra ancora a sua intenção e manifestação na Terra.

10. Sinta quando a sua manifestação está completa.

11. Agora desvie a atenção das pedras, retire-as e deixe os triângulos fazerem seu trabalho.

MANTENHA A SUA ENERGIA NO NÍVEL MÁXIMO

Se as suas energias físicas, mentais e espirituais não estiverem no nível máximo, então sua manifestação pode não se concretizar. Se sua energia mental estiver baixa, vão lhe faltar ideias ou motivação. Se a sua energia física estiver baixa, você não terá ânimo para colocar suas ideias em prática e manifestá-las na realidade cotidiana; seus sonhos vão continuar sendo apenas isso, sonhos. Se a sua energia espiritual estiver baixa, você se manifestará por razões egoístas e num espírito de competição combativa que dificilmente resultará em sucesso. Mas, se todas essas energias estiverem em equilíbrio e você tiver uma boa reserva de energia no Dan-tien (o reservatório de energia criativa do corpo), você manifestará com facilidade.

A energia física é armazenada no Dan-tien, mas ela se esgota quando você está muito estressado ou está fazendo muito esforço para manifestar alguma coisa. Se você se esforçar demais, isso é contraproducente. Focar a sua intenção e confiar no universo serão atitudes mais produtivas. O Dan-tien é o centro de gravidade do corpo, bem como o reservatório da energia Ki, ou força vital. Com a aparência de uma esfera em constante rotação, ele fica no topo do chakra do Sacro e atua como uma espécie de oitava superior desse chakra, refinando e estimulando a criatividade e fertilizando novas ideias. Se você quer ser dinâmico e produtivo, esse reservatório precisa ser reabastecido. Felizmente, uma simples ativação é o que basta para que ele se reabasteça, embora você possa potencializar esse processo usando um cristal de alta energia.

Para manter sua energia mental no nível máximo, sua mente precisa ser estimulada e se manter ativa, mas não hiperativa. Se você está ocupado demais para ouvir as sugestões que sua orientação interior está lhe oferecendo, a manifestação se torna fútil. É preciso evitar a depressão e os devaneios (embora possam ser criativos), que devem acontecer num nível apropriado e ser convertidos em ação. Lembre-se de que tudo que a mente pode conceber, ela pode alcançar, mas precisa de espaço para fazer isso, por isso procure desligá-la de tempos em tempos, praticando meditação. A energia mental é desperdiçada com pensamentos do tipo "E se eu tivesse...?" ou "Ah se eu pudesse...", por isso eles precisam ser banidos, se você quiser ter sucesso em sua manifestação.

CORNALINA

Seu cristal energizante

A pedra de cura favorita dos antigos egípcios, que a usavam para manter a vitalidade das crianças pequenas e para lhes dar proteção, era a cornalina, que é um excelente cristal para energizar qualquer parte da sua vida. Ela inicia o processo de manifestação, ativa sua criatividade e lhe confere energia física e mental para seguir em frente. Ela também tem a capacidade de limpar e reenergizar outras pedras.

ENTENDA ESSE CRISTAL

A cornalina fundamenta e ancora sua manifestação na realidade do presente. Se você é um sonhador em vez de um realizador, ela o ajuda a fazer as coisas acontecerem na realidade cotidiana. Uma pedra estabilizadora, ela é excelente para restaurar a vitalidade e a motivação e para estimular a criatividade. Um dos maiores dons da cornalina é dar proteção contra a inveja, a raiva e o ressentimento. Se o ciúme de outras pessoas está impedindo seu progresso, a cornalina libera você dessa energia. Ela também ajuda a incutir amor e confiança após abusos de qualquer tipo, restaurando a confiança. Se você sofre com o ressentimento, ela acalma a sua raiva e bane a negatividade emocional, substituindo-a por um amor à vida que o fortalecerá para manifestar seus sonhos.

A CORNALINA E A MANIFESTAÇÃO

A cornalina é uma pedra repleta de força vital e vitalidade, que dissipam a apatia e motivam você a atingir o sucesso nos negócios e em outros assuntos. No nível físico, ela melhora sua capacidade de absorver vitaminas e sais minerais, e garante um bom suprimento de sangue nos órgãos, músculos e tecidos – o que é necessário para que funcionem com eficiência. Estimulando o metabolismo, essa pedra revigorante coloca você na melhor condição física para manifestar. Num nível mais sutil, ela ativa o chakra da Base e do Sacro, liberando bloqueios e aumentando a energia Kundalini da criatividade e a fertilidade em todos os níveis. Se você tem se sentido impotente, essa pedra restaura a sua autoconfiança e faz as coisas acontecerem.

A cornalina alivia a depressão, especialmente nos idosos. Num nível psicológico, esse cristal transmite consciência e aceitação do ciclo de vida. Nos tempos antigos, ela protegia os mortos em sua jornada, e assim eliminava o medo da morte, que poderia paralisar a capacidade de assumir riscos. Essa pedra ajuda você a confiar em si mesmo e em suas percepções. Transmitindo enorme coragem, ela o auxilia a fazer escolhas mais positivas. Medite com ela para chegar a causa do seu medo. Com a ajuda desse cristal você vai superar o condicionamento negativo e ter mais firmeza de propósito. No nível mental, a cornalina ajuda a manifestação melhorando sua capacidade analítica e aguçando a sua percepção, para que se torne mais focado. Ela melhora a concentração, dissipa a letargia mental e bloqueia o pensamento dispersso na meditação.

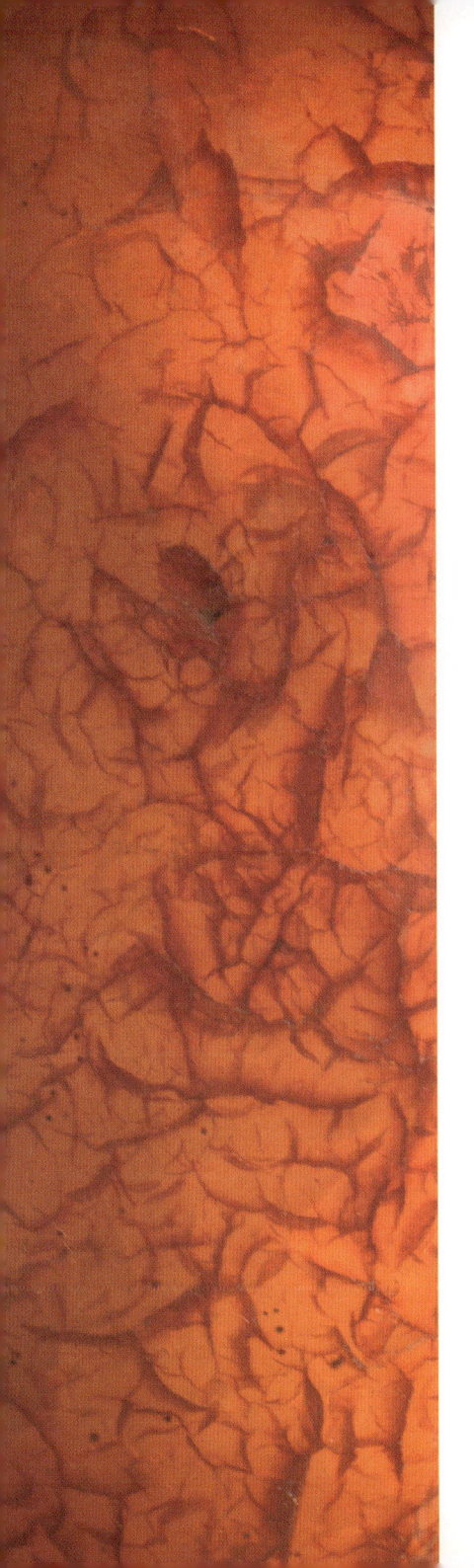

COMO USAR A CORNALINA

Por tradição, a cornalina é usada como pingente, pulseira ou fivela de cinto. Como alternativa, mantenha-a no bolso, para manter seus níveis de energia. A cornalina vermelha combate a lentidão e revigora a mente e o corpo. Uma cornalina perto da porta da frente garante proteção e convida a abundância a entrar na sua casa.

CRISTAIS ALTERNATIVOS

Jaspe Vermelho, Jaspe Papoula

O jaspe vermelho tem sido há muito tempo considerado uma pedra com poder de energizar e manter as coisas em movimento; ele estimula a vontade de viver. O jaspe papoula faz com que as coisas avancem rapidamente ou suavemente, conforme apropriado, e proporciona uma nova motivação, encorajando a cooperação, em vez da competição. Essa pedra ajuda você a reconhecer o valor de escolher o momento certo, e evita a ação precipitada. Se o seu chakra da Base estiver hiperativo, o jaspe papoula o acalma.

Que Será, Ágata de Fogo

A Que Será é uma excelente pedra quando você precisa de mais energia, pois ela torna o ambiente efervescente. Essa pedra também apimenta qualquer área da sua vida. A protetora ágata de fogo, por outro lado, acalma e ancora sua energia no chakra da Base, para que as ideias se manifestem no mundo físico.

Energização com a Cornalina

Como eu me coloco em movimento?

Sentir-se vivo e totalmente energizado é essencial para o processo de manifestação. Isso é o que faz você seguir em frente, motivando-o a cada momento do dia. Essa ativação é particularmente benéfica logo pela manhã, especialmente se você é uma pessoa preguiçosa, que acha um desafio acordar cedo, pois ajuda você a pular da cama e começar o seu processo de manifestação imediatamente, dando-lhe a energia para enfrentar o dia. Mas essa pedra é também um estímulo útil se o seu nível de energia baixar a qualquer hora do dia. Use-a sempre que precisar de mais motivação ou mais energia para concluir uma tarefa.

1. Fique em pé, com as pernas ligeiramente afastadas, os joelhos um pouco dobrados e as solas dos pés firmes no chão. Deixe os braços soltos nas laterais do corpo e as mãos em concha, uma em cima da outra, logo abaixo do umbigo (procure perceber qual mão fica mais confortável por cima). Segure com delicadeza uma cornalina limpa nas palmas em concha. Conecte-se com o poder da pedra, sentindo-o irradiando para os seus chakras da manifestação e para todo o seu ser. Concentre sua atenção na cornalina que você tem nas mãos, até sentir que ela começa a aquecer e a brilhar.

2. Agora, concentre-se na área do abdômen, que está coberta pelas suas mãos. Essa é a região do Dan-tien, o centro de energia que fica logo abaixo do umbigo e acima do chacra do Sacro. Trata-se do reservatório de energia do seu corpo físico.

3. A cada inspiração, absorva energia através do cristal, enviando-a para o Dan-tien. Deixe a energia acumular ali até você sentir o Dan-tien efervescer e ficar totalmente energizado.

4. Quando o Dan-tien estiver totalmente carregado, respire e deixe a energia subir pelo seu corpo até a sua mente e depois, ao expirar, espalhe essa energia por todos os níveis do seu ser.

5. Se você se sentir "flutuando" ou com tontura, desvie a atenção para os pés e imagine que você tem uma âncora ali, conectando você com o centro da Terra.

6. Faça essa ativação por cinco minutos, absorvendo a energia da cornalina, sempre que você sentir o Dan-tien começando a ficar esgotado. Assim você garante que esse reservatório de energia seja reabastecido e você tenha energia abundante o dia todo.

7. Leve uma cornalina no bolso com você e segure-a sempre que precisar de uma dose imediata de energia.

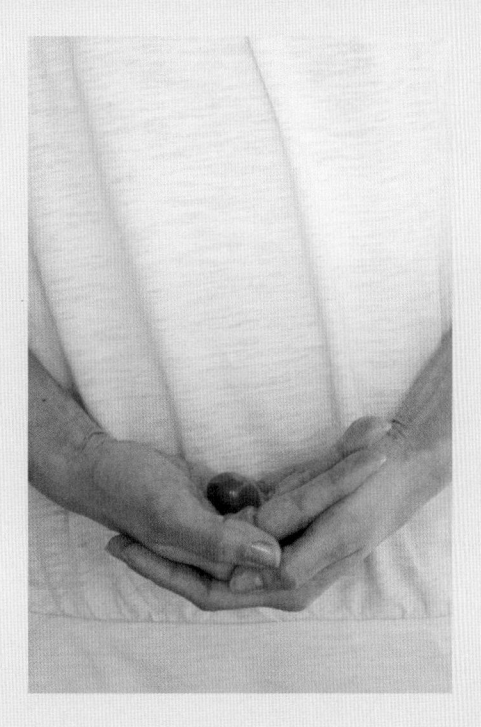

PARA TOMAR
DECISÕES

Você sofre de uma indecisão crônica, que sempre o faz vacilar entre dois pontos de vista? É incapaz de resolver algo sem hesitação ou tem muito medo do desconhecido? Ou você toma decisões precipitadamente, sempre se arrependendo depois? Nenhum desses comportamentos favorece o processo de manifestação. As pessoas que manifestam com eficácia sabem tomar decisões. Elas têm uma ideia muito clara do que desejam, sabem como chegar onde querem e seguem em frente, confiantes. Decisões claras e ponderadas fazem o processo de manifestação fluir com muita suavidade, pois não há conflitos subjacentes nem procrastinação para atrapalhar.

Existem muitos fatores que podem afetar inconscientemente sua tomada de decisão. Experiências do passado, bagagem emocional, falsas crenças, frustração e medo do que outras pessoas vão pensar (ou a necessidade de agradá-las) podem sabotar a sua manifestação. Muitas decisões vão levá-lo para fora da sua zona de conforto, por isso você pode ter uma tendência inconsciente a sempre recorrer ao mesmo padrão, ou seja, "o conhecido", não importa o quanto isso possa parecer insensato. A preocupação constante ou a tendência a pensar sempre do mesmo jeito também são empecilhos à tomada de boas decisões. As soluções criativas só surgem quando você se afasta do que já conhece e entra num território inexplorado, e é por isso que a sua intuição e a sua mente subconsciente podem ser grandes aliados.

Estes são os passos para você tomar decisões produtivas:

- Identifique seu objetivo ou meta principal e concentre-se nele. Não se desvie.

- Reconheça quaisquer medos subjacentes ou conflitos que você possa ter. Seja tolerante, mas firme consigo mesmo; esteja consciente dos efeitos desses medos e conflitos e procure superá-los.

- Mobilize a sua mente racional, as suas habilidades organizacionais e analíticas, para avaliar os dados e definir as opções ou possibilidades com clareza.

- Entregue o processo à sua intuição, para que ela lhe dê uma resposta.

- Depois de tomar uma decisão, entre em ação. Evite a procrastinação e as táticas de adiamento. Siga em frente!

Pesquisas mostram que a meditação diária, mesmo que apenas por alguns minutos, melhora muito o processo de tomada de decisões e que a técnica da incubação de sonhos também é uma maneira comprovada de transformar problemas em oportunidades.

OPALA AZUL OWYHEE
Seu cristal da decisão

Com a sua vibração celestial, a opala azul owyhee conecta você a mais elevada orientação espiritual e auxilia na incubação de sonhos perspicazes. Essa pedra desperta suas capacidades metafísicas, aumentando a intuição e facilitando a comunicação bidirecional com o mundo espiritual (*kything*). Ajudando você a ser mais corajoso ao tomar decisões, ela fortalece seu poder pessoal e sua capacidade de manifestar uma nova realidade

ENTENDA ESSE CRISTAL

Uma pedra de realização, a opala azul owyhee é formada a partir de esferas microscópicas de sílica, que se ligam à água dentro da pedra, para criar um brilho luminescente. Descoberto em 2003, perto de um riacho sagrado para os índios norte-americanos, essa opala é única. Sua cor intensa reflete a serenidade de um céu de verão. Ela acalma a alma, ameniza o estresse e incute paz mental, não importa o que o futuro reserve.

Esta opala estabelece uma poderosa conexão entre o chakra do Terceiro Olho e do Soma, ajudando você a ficar nesta encarnação e a viajar pelas multidimensões da consciência. Ela estimula a sua visão interior e a capacidade de perceber o mundo sutil. Expandindo a sua consciência e melhorando o seu poder de percepção, esta pedra o ajuda a captar as pistas e sinais sutis que apontam o melhor caminho e facilita as suas decisões.

Esta pedra tem sido muito usada para facilitar a jornada xamânica e a exploração de diferentes períodos do tempo. Ela ajuda sua comunicação com todos os seres superiores e facilita a verbalização das suas próprias percepções e o apego à verdade.

Usada para invocar sonhos lúcidos, a opala azul owyhee também pode ajudá-lo a sonhar com um novo mundo e a colaborar para que ele possa virar realidade.

A OPALA AZUL OWYHEE E A MANIFESTAÇÃO

A opala azul owyhee equilibra a mente e as emoções. Ela ajuda você a ser mais confiante e extrovertido, dissipando a timidez, a ansiedade, e auxiliando na superação do medo de falhar. Facilitando a cura de feridas do passado, ela ajuda você a alcançar com facilidade os objetivos que definiu para si mesmo. Essa pedra ativa e atrai seu poder pessoal e o auxilia a manifestá-lo sem se tornar bombástico ou arrogante no processo. É uma excelente pedra para o desenvolvimento, a expansão e o progresso pessoal. Ela sintetiza seus poderes de percepção, a autoexpressão e a vontade de viver. Dissipando sentimentos de impotência, ela lhe permite escolher qual ação (ou não ação) é o melhor meio de alcançar seus objetivos.

COMO USAR A OPALA AZUL OWYHEE

Se você sofre de indecisão ou confusão mental, coloque essa opala na testa, entre o chakra do Terceiro Olho e o do Soma, ou na parte de trás do crânio, para eliminar padrões mentais negativos e expectativas exageradas. Essa pedra luminosa instila clareza e o ajuda a encontrar as palavras certas para determinada situação. Use para lhe dar confiança e clareza ao falar em público ou formular sua intenção.

CRISTAIS ALTERNATIVOS

Diáspora (Zultanita), Pedra dos Sonhos®

Se você parece incapaz de viver o seu sonho, a diáspora identificará as mudanças necessárias para manifestar sua ação. Essa pedra, assim como a pedra dos sonhos, lhe dá coragem para se libertar de padrões limitantes e para se recuperar, mesmo depois de enormes contratempos. Se você tem planos que nunca realiza, ou aspirações que sempre parecem fora de alcance, essas pedras favorecem sua fruição. Abrindo a sua mente, elas o ajudarão a encontrar a inspiração para pensar fora dos padrões convencionais.

Andalusita®, Quartzo dos Sonhos

A andaluzita atrai situações inusitadas ou oníricas que auxiliem na compreensão do significado mais profundo da sua vida. Para alguém de mente aberta, ela revela uma sabedoria oculta. O quartzo dos sonhos promove sonhos lúcidos e ajuda na recordação dos sonhos, além de ajudá-lo a sonhar com um novo futuro.

Sonhando com a Opala Azul Owyhee

Como encontro uma resposta?

Nos templos antigos, as câmaras dos sonhos permitiam que o consulente incubasse um sonho, que respondia à sua pergunta mais premente. Você pode criar um templo dos sonhos em sua própria casa, usando as mesmas estratégias para manifestar uma resposta. Se você perceber que está sonhando, pode influenciar o curso do sonho: o sonho lúcido permite que você experimente vários cenários ou leva você até um Conselho de Sábios, onde pode obter uma resposta. Os sonhos também lhe dão pistas do passado, e num sonho lúcido você pode voltar no tempo para se reconectar com habilidades que vão ajudá-lo na vida presente.

1. Escolha uma noite em que tenha tempo, na manhã seguinte, para processar o seu sonho. Abstenha-se de álcool, drogas, cafeína e nicotina algumas horas antes de ir dormir. Tome um banho de imersão longo e tranquilo, acrescentando à água óleo de rosas ou sálvia (não use se estiver grávida), que estimulam os sonhos.

2. Acenda velas relaxantes e contemple seu cristal. Segure a pedra na mão e se conecte ao seu poder, sentindo-o irradiar para os seus chakras da manifestação e depois para todo o seu ser. Ative-o para que, ao ser colocado debaixo do travesseiro, ele possa ajudar você a ter sonhos lúcidos e cheios de sabedoria.

3. Antes de ir para a cama, beba um chocolate quente temperado com noz-moscada e canela. Vista um pijama ou uma camisola limpa. Coloque um pequeno travesseiro em cima do seu travesseiro habitual, para que durma com a cabeça mais alta e do seu lado direito. Coloque seu cristal sob esse travesseiro menor ou segure-o na mão.

4. Ao dormir, imagine-se entrando num antigo templo dos sonhos, deitando-se numa cama arrumada especialmente para você e se preparando para fazer sua pergunta a espíritos sábios. Contemple a questão sobre a qual você precisa de

orientação. Pense nas soluções que você já tentou e nas ações que já empreendeu. Pergunte a si mesmo se está pronto para manifestar seus desejos. Se houver questões emocionais, você está preparado para deixá-las ir? Você precisa alterar alguma crença sobre si mesmo? Faça a sua pergunta com clareza. Diga a si mesmo que, quando acordar, você vai se lembrar da resposta recebida nos sonhos. Olhe para a esquerda tão longe quanto possível sem virar a cabeça e depois para a direita.

5. Pare de pensar na pergunta e durma. Se você tiver consciência de que está sonhando, peça para que lhe mostrem os possíveis resultados, para que possa explorar por si mesmo a manifestação que seria mais apropriada, ou para que possa voltar ao passado para ganhar mais *insights*.

6. Assim que acordar, registre o seu sonho.

ESTIMULE A SUA CRIATIVIDADE

Estar no fluxo criativo significa estar totalmente presente no agora e completamente imerso no processo criativo que ocorre o tempo todo, sem olhar nem para trás nem para a frente. O medo de falhar é um dos principais fatores que bloqueiam a criatividade. Em vez de ver suas tentativas anteriores de manifestação negativamente, perceba seus fracassos como experiências de aprendizado, pois isso ajuda você a abordar o processo de manifestação com mais perspicácia. Embora o fracasso possa não parecer produtivo, não tentar também não traz nenhum resultado, por isso não caia na armadilha da inatividade. Incentive-se a correr riscos, a fazer o inesperado, o bizarro, o surpreendente. Muitas vezes as melhores ideias surgem da brincadeira e do humor. Não se preocupe com o futuro ou com o modo como as ideias criativas se manifestam no plano material. Basta tê-las e acreditar que resultarão em algo criativo.

Se quer se manifestar criativamente, você precisa mudar sua mentalidade. Desafie suas velhas suposições. Pense de modo diferente e, quando menos esperar, o futuro parecerá mais brilhante. Sempre acredite que tudo tem uma solução. Se você for otimista, logo descobrirá que já começou a pensar de maneira inovadora. Você vai encontrar uma solução, não importa o quanto ela possa parecer inusitada à primeira vista. Você também pode agir ao contrário: partir de um resultado e pensar em como vai conseguir chegar a ele. Redefina o "problema" ou o objetivo e reformule-o. Coloque-o de cabeça para baixo ou procure vê-lo de um ângulo completamente diferente. Muitas vezes o próprio ato de formular o "problema" de outra maneira o transforma num desafio e abre novas possibilidades.

Procurar um modo diferente de registrar seu objetivo no papel também faz maravilhas. O ato de cortar, organizar e colar imagens num quadro, cartolina ou caderno (o que chamamos de painel visionário), por exemplo, leva você para longe do seu cérebro analítico e lógico e desperta suas faculdades intuitivas e receptivas, envolvendo todo o seu corpo no processo. O padrão aparentemente aleatório com que você faz isso pode revelar uma resposta surpreendente e deixar espaço para a sincronicidade entrar na sua vida. Dar um passo para trás e olhar para o painel visionário de certa distância ajuda você a ver as coisas de uma perspectiva mais objetiva, mas, se você der as boas-vindas para o inesperado, também pode ser surpreendido com uma solução.

GRANADA
Seu cristal da criatividade

A inovadora granada estimula momentos de "heureca" e ajuda você a pensar de um jeito inovador. Ela o motiva a ser mais criativo na vida e a fazer o inesperado, fortalecendo a sua capacidade de manifestação. Uma das pedras mais abundantes, a granada assume diferentes formas e cores, cada uma com propriedades específicas, além dos seus atributos genéricos, mas a pedra vermelha e a laranja são as que mais estimulam a criatividade.

ENTENDA ESTE CRISTAL

A granada é uma pedra energizante e regeneradora, especialmente para os chakras da Base e do Sacro, embora também estimule o chakra do Coração. Ela revitaliza, purifica e equilibra a energia nesses chakras, trazendo serenidade ou paixão, conforme for mais apropriado. Auxiliando-o a deixar de lado ideias ultrapassadas, essa pedra é uma ferramenta útil para dissipar bloqueios emocionais e aguçar sua percepção inata. Dissipando padrões de comportamento arraigados que não lhe servem mais, ela o ajuda a superar a resistência ou a sabotagem inconsciente. Esse cristal também combate inibições e tabus, facilitando o raciocínio e ajudando-o a fazer o que antes era impensável.

Se o seu chakra do Sacro (localizado logo abaixo do umbigo) estiver bloqueado ou desequilibrado, você não vai conseguir ver a si mesmo como um ser poderoso, sexual e repleto de força pessoal. Purifique esse chakra e você se sentirá confiante, com a autoestima elevada, e sua criatividade vai fluir melhor. Coloque a granada no chakra da Base e do Sacro, se quiser superar o medo de falhar. É nesses chakras que fica o seu instinto de sobrevivência, assim como sua coragem e força pessoal, e a granada estimula essas qualidades, transformando uma crise numa oportunidade. O chakra do Sacro também pode reter resquícios energéticos de pessoas com quem você teve um relacionamento sexual, o que pode deter o fluxo da sua energia criativa. A granada ajuda a desfazer essa ligação e reabastece seus chakras com a sua própria energia.

Dinâmica e flexível, a granada andradita marrom atrai para os seus relacionamentos o que você mais precisa para o seu desenvolvimento. Ela dissipa os sentimentos de isolamento ou alienação. A granada hessonita vermelho-alaranjada elimina a culpa e a inferioridade e encoraja você a procurar novos desafios, enquanto a granada piropo vermelho-sangue confere vitalidade e carisma.

A GRANADA E A MANIFESTAÇÃO

Se você tem se sentido impotente ou está preso a planos que não se manifestaram, a granada ajuda você a dissipar a sensação de estar "travado" e a empreender uma ação poderosa. Esse é um cristal extremamente útil em situações em que parece não haver saída, ou em que a vida se fragmentou ou se tornou traumática. A granada oferece esperança em situações aparentemente sem esperança. Ela também promove ajuda mútua em tempos de dificuldade.

O USO DA GRANADA

Poderosa para atrair abundância, a granada grossulária hexagonal verde ou vermelha é uma pedra eficaz para se criar um pentagrama ou a grade da estrela de davi. Ela atrai prosperidade para sua vida e dá suporte durante os desafios, ajudando você a seguir com o fluxo e a manifestar cooperação e amizade. A granada de corte quadrado, por tradição, garante ao seu portador sucesso nos negócios.

CRISTAIS ALTERNATIVOS

Rubi, Sangue de Ísis, Cornalina

Assim como a granada, o rubi é um poderoso energizante para o chakra da Base e, especialmente quando é colocado com cornalina sobre o chakra do Sacro, ele ajuda a aumentar a força criativa, ativando seu poder de manifestação. A rara sangue de ísis vermelha (a cornalina com qualidade de pedra preciosa), que era popular no Antigo Egito, faz uma conexão muito poderosa com as energias criativas da Deusa Mãe e ajuda você a se lembrar de partes perdidas de si mesmo.

Quartzo Tangerina

O vibrante quartzo tangerina é colorido pelo ferro, assim como outros quartzos amarelos e alaranjados. Todos estimulam novas ideias e diferentes maneiras de abordar velhos problemas. Essa pedra energética ajuda você a sair de situações estagnadas e a iniciar novas atividades.

ESTIMULE A SUA CRIATIVIDADE

Ative a sua Criatividade

O painel visionário

Depois que seus chakras da Base e do Sacro estiverem limpos e energizados, faça um painel visionário para colocar sua criatividade em movimento. No painel, você pode colocar quantas ideias malucas e excêntricas quiser para o universo, sabendo que essa atitude vai acionar um fluxo criativo. Inclua imagens de tudo o que você deseja, não importa o quanto esses sonhos pareçam fora de alcance. Não deixe que sua baixa autoestima ou pensamentos do tipo "eu não mereço isso" ou a falta de confiança atrapalhem você. Seja o mais audacioso possível. A ideia é mostrar a si mesmo e ao universo que você tem a visão de um eu diferente, vibrante, poderoso. Você só vai precisar de uma seleção de granadas (uma vermelha, uma laranja e cinco grossulárias), uma coleção de imagens e um tubo de cola.

1. Segure as pedras nas mãos e sinta a energia delas irradiando para os seus chakras da manifestação e para todo o seu ser.

2. Coloque a granada vermelha limpa e carregada no seu chakra da Base e uma granada Laranja no chakra do Sacro. Deite-se por quinze minutos e absorva a energia das pedras, para que se sinta totalmente fortalecido e seus chakras fervilhem de energia. Em seguida, retire as pedras e coloque-as de lado.

3. Reúna quantas imagens conseguir de tudo o que você gostaria de viver ou ter na sua vida – não importa o quanto você ache que esses desejos possam parecer ridículos, exagerados, bizarros ou totalmente fora de alcance. Seja espirituoso e bem-humorado em suas escolhas. Cultive o otimismo enquanto faz isso e suspenda o julgamento, não se perguntando se esses desejos são sensatos ou exequíveis.

4. Fixe as imagens numa cartolina, num caderno ou numa folha de papel, sobrepondo-as para que não haja lacunas na energia. Prefira imagens de pessoas confiantes e criativas no quadro, bem como de objetos, lugares, situações e talentos que você queira manifestar na sua vida.

5. Quando o seu painel visionário estiver completo, fixe-o numa superfície plana e, com a mão esquerda, disponha cinco pedras grandes de granadas grossulárias no formato de pentagrama (veja a p. 27). Ligue as pontas da estrela traçando o pentagrama com os dedos.

6. Toque a testa com as pedras que você colocou nos chakras e, em seguida, coloque-as no centro do painel, com a granada laranja acima da vermelha.

7. Se possível, fixe essas pedras nesse lugar do painel e deixe-o exposto onde você possa vê-lo com frequência.

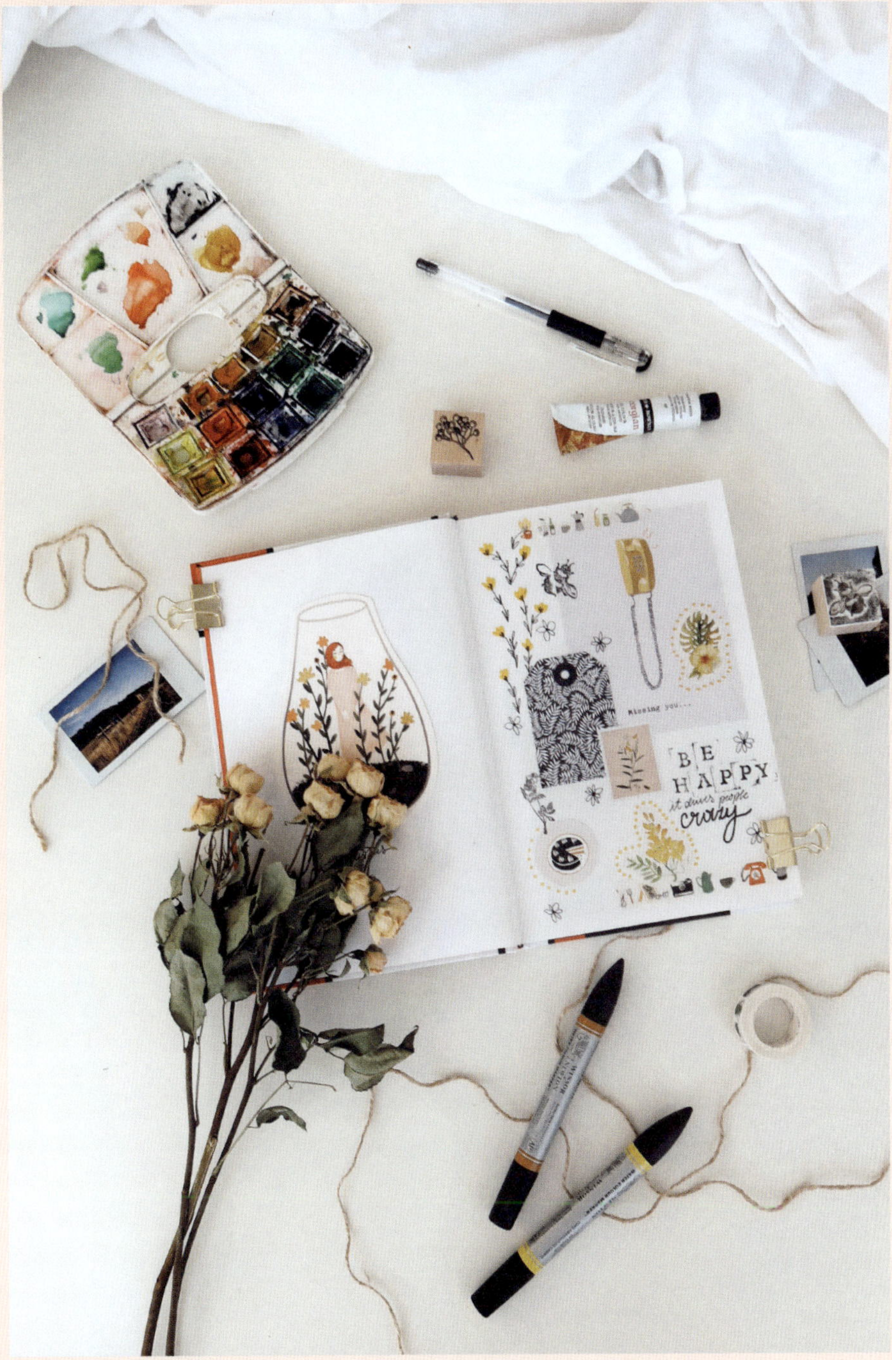
Missing you...
BE HAPPY
it drives people
crazy

CURE MENTE, CORPO E ALMA

A verdadeira cura vem da totalidade interior, uma fusão de corpo, mente e alma, e da congruência com a sua alma e as suas intenções multidimensionais.

Congruência significa que todos os níveis estão num estado de equilíbrio harmonioso e num fluxo de bem-estar. Como disse D. H. Lawrence: "Estou enfermo por causa das feridas na alma, as chagas do eu emocional mais profundo". A doença é sutil e nem sempre se manifesta como doença física. Ela ocorre nos níveis emocional, mental e espiritual, e pode ser transmitida por herança kármica ou ancestral. As doenças da alma surgem de feridas, atitudes, contratos e padrões transportados do passado para o presente, através da "grade etérica", a grade de energia sutil a partir da qual um novo corpo físico se forma. A doença ou "indisposição" também pode oferecer uma oportunidade para desenvolver atributos como paciência, tolerância e compaixão, ou pode dar a outra pessoa uma chance de crescer. O karma não é motivo para culpa, mas uma oportunidade para equilibrar o passado, de modo que a alma evolua. Curar não significa necessariamente "melhorar". Se a saúde não foi restaurada, pode ser porque a doença é uma escolha da alma ou porque a alma ainda não aprendeu as lições de que precisava através dessa doença. A pessoa pode estar tentando "melhorar" pelas razões erradas ou pode achar que não vai se curar porque a doença faz parte do seu karma. A alma só desencarna quando já aprendeu tudo o que precisava para poder encarnar novamente e colocar em prática as lições que aprendeu. Mas, enquanto a alma está encarnada, mesmo estando doente, seu estado interior pode ser de bem-estar e serena alegria.

Entre as causas kármicas ou ancestrais das doenças estão:

- Problemas espirituais
- A intenção de desenvolver qualidades específicas
- Repressão da dor em vidas passadas, que nesta vida exigem atenção
- Consequência de vícios adquiridos em outras vidas
- Karma de atitude: atitudes antigas manifestadas como uma doença física
- Intolerância ou falta de empatia pelos outros
- Karma orgânico: doenças congênitas ou deficiências
- Karma simbólico: doenças que imitam a causa
- Karma redentor: ajuda a outra pessoa
- Conflito de várias personas de vidas passadas
- Um eu do passado extremamente negativo que se manifesta novamente
- Juramentos, votos e promessas de vidas passadas que prendem a alma ao passado

ANFIBÓLIO

Seu cristal mestre de cura

O alegre anfibólio é conhecido como "fantasma angelical" por causa das asas que ele exibe e a vibração angélica etérea que carrega. Esse cristal se conecta aos mais elevados níveis de experiência espiritual, ajudando você a se tornar uno com o Cosmos e a unir o mundo dos anjos com o nosso mundo. Ele leva você a um lugar que pulsa de energia e conhecimento. Essa consciência da unidade entre nós e o Cosmos promove uma profunda cura espiritual e psíquica.

ENTENDA ESSE CRISTAL

Uma forma de quartzo, o anfibólio é uma fusão de vários minerais e por isso representa a unidade do todo. Dentro do revestimento energizante do quartzo transparente, seus fantasmas e inclusões (as formas piramidais, os pequenos cristais ou os fragmentos minerais e as bolhas dentro da ponta de cristal) incorporam a hematita vermelha, uma pedra profundamente estável, que oferece proteção, ancora as suas energias e dissolve a negatividade; a caulinita branca, que abre o seu ouvido interior para que você ouça a voz dos seus guias espirituais; e a limonita amarelo-pêssego, que protege contra ataques psíquicos ou influência mental. Os fantasmas simbolizam as numerosas vidas da alma e levam você por uma viagem pelas multidimensões da realidade. Eles rompem velhos padrões e ajudam você a se reconectar com a antiga sabedoria guardada na memória da sua alma.

O anfíbolo ajuda você a invocar o seu anjo guardião. Sua energia suave e calmante dissipa as preocupações e os traumas e ativa uma profunda alegria interior. Com essa pedra você fica sempre centrado no momento presente. Isso é útil para você deixar o passado para trás e para dissipar as causas psicossomáticas das doenças.

O ANFIBÓLIO E A MANIFESTAÇÃO

A contemplação das profundezas do anfibólio leva você a um espaço de profundo amor universal e o ajuda a agir a partir do coração. Os fantasmas e inclusões dessa pedra ajudam você a manifestar de uma forma coerente e congruente, em harmonia com o universo. Esse cristal facilita a manifestação que é para o bem do todo, especialmente o que auxilia a sua evolução espiritual e a expansão da sua consciência. A função de proteção do anfibólio e sua conexão com dimensões superiores também tornam essa pedra uma boa companheira para viagens fora do corpo e visualizações.

COMO USAR O ANFIBÓLIO

Quando colocado no chakra da Coroa, o anfibólio ativa todos os chakras coronários superiores, acima da cabeça, criando uma escada que a consciência pode ascender para se conectar com a sua alma e a orientação mais elevada. Quanto ao chakra do Terceiro Olho, esse cristal facilita a introspecção e a introvisão, pois sintoniza você com a sabedoria da mente universal. Ele também o ajuda a ter uma perspectiva mais clara da vida e da sua evolução espiritual. Se você precisa saber por que sua manifestação aparentemente não está funcionando ou está operando de uma maneira diferente do que você pretendia, a meditação com essa pedra revela as causas mais profundas e a intenção da alma. A triangulação com três anfibólios cria uma meditação ou um espaço criativo perfeito. No local de trabalho, esse cristal muda sutilmente suas energias para o nível mais elevado possível e facilita a cooperação e a harmonia. Mantenha o anfibólio no seu bolso para a cura contínua.

CRISTAIS ALTERNATIVOS

Quantum Quattro

Combinando a shattuckita, a dioptase, a malaquita e a crisocola num quartzo enfumaçado, o quantum quattro cura a dor, libera mágoa, absorve emoções tóxicas e causas psicossomáticas, rompe laços indesejados e padrões desgastados, e ensina você a assumir a responsabilidade pelas suas ações, pensamentos e sentimentos. Essa pedra também auxilia no reconhecimento dos seus recursos e ajuda a indicar a melhor direção. Ela tem um efeito marcante no campo da energia humana. Aterrando as energias espirituais, ela também ajuda a fazer um mundo melhor. Visualize mudanças positivas com essa pedra, para compensar as expectativas negativas.

Quartzo Agente de Cura Dourado

Com uma força vital universal concentrada, o quartzo agente de cura dourado potencializa a cura em todos os níveis. Um catalisador para a expansão da consciência, ele subordina a vontade pessoal à sabedoria divina, de modo que a alma, não o ego, torne-se a luz que o guia. Essa pedra facilita a manifestação de mudanças profundas com um mínimo de esforço.

Visualização do Anfibólio

Como eu me curo multidimensionalmente?

Essa visualização com o anfibólio é uma maneira poderosa de revelar todas as questões que estão por trás da doença (física ou psíquica), especialmente as psicossomáticas e kármicas. Ela facilita a cura anímica multidimensional, de modo que você manifeste de uma perspectiva ampla, saudável e de alta vibração. Esta é uma visualização verdadeiramente holística, pois trabalha o corpo, as emoções, a mente e a alma para purificá-los e alinhá-los. Ela invoca ajudantes angélicos para ajudar na sua manifestação e garantir que você se sinta totalmente seguro e amparado em seu mundo. Antes de entrar na fonte de cura, desligue o celular e certifique-se de que não seja perturbado por 10 a 15 minutos.

1. Segure o seu cristal na mão e conecte-se com o poder da pedra, sentindo-a irradiar para os seus chakras da manifestação e para todo o seu ser. Em seguida, coloque a ponta da sua pedra de anfibólio num espaço sagrado limpo e dedicado (um altar é o ideal).

2. Sente-se com o anfibólio na sua frente, no nível dos olhos, se possível, ou ligeiramente abaixo deles. Respire naturalmente, imprimindo um ritmo confortável à respiração. Com os olhos semicerrados, olhe para um ponto ligeiramente acima e entre as sobrancelhas, depois olhe para o cristal até seus olhos ficarem desfocados.

3. Imagine uma fonte de luz pulsando na base do cristal e fluindo num lindo arco-íris. Mergulhe nessa luz de cura. Sinta-a impregnar todos os níveis do seu ser, liberando tensões e bloqueios e trazendo equilíbrio e harmonia. Descanse nessa paz por tanto tempo quanto quiser, sentindo-a penetrar em cada célula do seu corpo.

4. Quando se sentir pronto, respire profundamente, abra os olhos e desvie a atenção do cristal. Levante-se e sinta o contato dos seus pés no chão.

5. Leve no bolso uma pedra rolada de anfibólio para se sentir continuamente banhado nessa energia de cura.

ENCONTRE O AMOR

Se quer encontrar o amor, você deve se tornar um ímã para o amor irradiando-o para o mundo, e também deve se preparar para recebê-lo na mesma proporção. Então, pense com cuidado. Seu amor está desequilibrado? Você sempre dá mais do que recebe ou está tentando forçar o amor a vir até você? Manifestar amor não é tentar fazer a outra pessoa amar você. Você manifesta amor porque está amando, não porque exige esse amor do outro. Se você está manifestando o "mesmo de sempre", pode precisar pensar sobre a necessidade de mudar seu padrão. O amor incondicional é a base mais construtiva para todos os relacionamentos. Mas o amor incondicional precisa ser estendido a si mesmo, assim como aos outros. Se você não ama a si mesmo, como alguém pode amar? O amor incondicional estabelece limites, mas para si mesmo, não para a outra pessoa. Ele não se envolve nos dramas de outra pessoa, nem a força a mudar, porque você pode ver como ela poderia ser maravilhosa – isso é manipulação. O amor incondicional oferece uma aceitação amorosa enquanto a outra pessoa escolhe a vida que quer viver. Significa dizer: "Eu te amo, mas ao mesmo tempo estou me cuidando, reservando para mim um bom espaço dentro de mim mesmo". Certamente não significa abuso, vitimização ou dominação. Há momentos em que a coisa mais amorosa que você pode fazer por alguém – e para si mesmo – é ir embora.

Um cristal, infundido com consideração positiva e amor incondicional, nunca julga você nem o coloca para baixo. Com a ajuda dele, você pode desfrutar de uma abundância de amor. Os cristais incentivam você a amar plenamente. Eles facilitam o perdão – essencial se você quiser ser verdadeiramente livre para amar. Perdoar e aceitar o perdão são sinais de maturidade. Você pode precisar perdoar as pessoas do seu passado ou do presente, ou aceitar o perdão dos outros, para eliminar a sua manifestação de antigos padrões. Repetir a afirmação de perdão a seguir, cada vez que você se sentir irritado ou desafiado, é uma ótima maneira de se manter emocionalmente saudável e totalmente amoroso – e manifestar um relacionamento de amor consigo mesmo:

Eu perdoo qualquer pessoa que tenha agido mal comigo em qualquer período de tempo e aceito o perdão de qualquer pessoa com quem eu tenha agido mal. Eu me amo profundamente e me perdoo.

QUARTZO ROSA

Seu cristal do amor

Nada manifesta melhor o amor do que uma bela pedra de quartzo rosa. As energias empáticas do Quartzo Rosa ajudam você a amar incondicionalmente e perdoar a si mesmo e aos outros. Essa pedra de aceitação ensina a essência do amor verdadeiro e instila paz infinita em seu coração. Liberando feridas emocionais, ela cura e abre seu coração em todos os níveis.

ENTENDA ESSE CRISTAL

O quartzo rosa é o melhor agente de cura do coração. Liberando emoções e a mágoa não expressa, e transmutando o condicionamento emocional que não lhe serve mais, ele alivia a dor internalizada e cura a carência, para que você manifeste um novo padrão de amor. Se você nunca recebeu amor, o quartzo rosa preenche seu coração. Se você amou e perdeu, ele ensina como amar a si mesmo, e sua assistência é vital se um dia você pensou que não era digno de amor. Essa pedra estimula o autoperdão e a aceitação que promovem a autoestima positiva.

A cor rosa está associada a Vênus, o planeta do amor e do desejo. A amorosa Vênus rege a paixão e o erotismo, o amor e a afeição, e o quartzo rosa é terno e apaixonado, erótico e estimulante. Essa pedra é um dos mais profundos agentes de cura emocionais em todos os níveis, incluindo o kármico. Fortalecendo sua empatia e sensibilidade, o quartzo rosa absorve suavemente feridas emocionais e as substitui por vibrações amorosas. Calmante e tranquilizador, esse quartzo o ajuda-o a manifestar a mudança necessária.

O QUARTZO ROSA E A MANIFESTAÇÃO

Com suas poderosas propriedades de cura emocional, essa pedra é excelente em períodos de traumas ou dramas emocionais. Ele ampara você na crise de meia-idade ou em outra crise que traga desafios e mudanças à sua vida, levando-o a manifestar novas possibilidades. Se você não se sente amado, segure o quartzo rosa na mão e lembre-se de um momento em que você se sentiu totalmente positivo, poderoso e amado. Traga esse sentimento para o presente para fortalecer sua manifestação.

O quartzo rosa é inestimável se você estiver tentando manifestar algo para preencher uma falta. Ele encoraja você a ser emocionalmente sincero consigo mesmo, ensinando que você não pode preencher buracos negros internos por meios externos. A infusão do amor universal incondicional que emana dessa pedra o ajuda a tocar o divino dentro de você e a beber de uma fonte que nunca se esgota. Com a ajuda dessa pedra, você inspira amor e o expira no mundo, sabendo que ele nunca lhe faltará. Isso faz de você um ímã para o amor.

COMO USAR O QUARTZO ROSA

Segure o quartzo rosa na mão para ajudá-lo em suas afirmações positivas. A pedra também o lembra de sua intenção. Quando colocado sobre o seu chakra do Coração, o quartzo rosa cura as feridas emocionais e infunde poderosas energias de amor. Quando colocado ao lado da cama ou no canto do relacionamento da sua casa (o canto direito mais distante da porta da frente), esse cristal atrai amor para você. Nos relacionamentos existentes, ele restaura a confiança e a harmonia e incentiva a troca de amor incondicional.

CRISTAIS ALTERNATIVOS

Rodocrosita, Tugtupita, Calcita Mangano

Poderosos agentes de cura do coração, a rodocrosita, a tugtupita e a calcita mangano armazenam oitavas mais elevadas de amor, que dissolvem antigos bloqueios emocionais. Essas belas pedras irradiam incondicionalmente amor e aceitação, ajudando-o a encontrar equilíbrio amando e recebendo amor na mesma medida.

Aventurina Verde

A aventurina verde é uma pedra útil se você já está na meia-idade e procura uma expressão mais serena e estável de amor, que garanta uma velhice em boa companhia e muitas risadas. Essa pedra é valorizada por sua resistência e pela sua capacidade de propiciar abundância e sorte em seus últimos anos.

Ritual para atrair o amor

Como eu posso atrair o amor?

Os rituais para atrair amor são muito poderosos. Quer você esteja procurando romance, querendo aprofundar um relacionamento já existente ou reacender uma antiga paixão, ou precisa curar uma velha ferida que esteja bloqueando a chegada de um novo amor, os cristais têm o poder necessário para atender os seus desejos. Ao usar as energias dos cristais através de rituais, você atrai mais amor em todas as áreas da sua vida e consegue transformar qualquer coisa que esteja bloqueando o seu caminho. Antigos padrões são deixados de lado e novas possibilidades se abrem. Antes de realizar esse ritual, convém tomar um banho e vestir roupas limpas, da cor rosa ou vermelha, dependendo do seu propósito, seja viver um romance duradouro ou uma paixão incandescente. O melhor momento para iniciar esse ritual é na Lua nova. Você vai precisar de cinco pedras de quartzo rosa, um pouco de óleo de rosas, quatro velas cor-de-rosa e um pedaço de cetim.

1. Purifique cinco cristais de quartzo rosa e dedique-os ao propósito de manifestar mais amor na sua vida. Segure as pedras na mão esquerda e conecte-se com o poder das pedras, sentindo-o irradiar para os seus chakras da manifestação e para todo o seu ser. Se você já tem um parceiro, peça que mais amor se manifeste entre vocês e o relacionamento atinja todo o seu potencial. Adicione mais poder ao ritual, ungindo-se com óleo de rosas. Velas cor-de-rosa para compor o ambiente e uma música de fundo apropriada vão ajudar na sua manifestação. Ao realizar o ritual para atrair o amor, faça conscientemente movimentos lentos, movendo-se com intenção voluptuosa.

2. Coloque quatro velas no seu altar ou numa mesa coberta com o cetim. Posicione uma vela ao norte, convidando o amor dessa direção enquanto acende a vela. Posicione outra vela no sul, outra no leste e outra no oeste, novamente dando as boas-vindas ao amor que vem de cada direção. Peça que a luz dessas velas atraia a mais elevada manifestação de amor.

3. Segure os cristais nas mãos e sente-se de frente para a mesa (se os cristais forem grandes, segure um de cada vez). Feche os olhos e, em silêncio, entre em sintonia com os cristais. Deixe a energia deles fluir através das suas mãos e braços, até chegar ao coração. Quando a energia chega ao seu coração, sinta ele se abrir e se expandir. Toque o coração e sinta ali a energia dos cristais. O quartzo rosa é um poderoso agente de cura e purificador do coração, portanto deixe que seu coração seja purificado pela energia dos cristais.

4. Diga em voz alta: "Sou um ímã para o amor. Eu acolho o amor no meu coração e na minha vida". Coloque quatro cristais ao redor da mesa e pegue o último. Se você deseja manifestar alguém para amar, diga em voz alta: "Eu invoco minha alma gêmea para estar presente e se manifestar plena e amorosamente na minha vida" (ou: "Eu invoco o amor entre meu parceiro e eu, para manifestar o seu mais elevado potencial, amparando plena e incondicionalmente a nós dois"). Fique sentado calmamente por alguns instantes com os olhos fixos nos cristais. Sinta intensamente como será a sua vida quando tiver o amor incondicional, recíproco e solidário da sua alma gêmea ao seu lado (ou quando você e seu parceiro manifestarem todo o amor que é possível entre vocês). Envie essa imagem para o futuro, se estendendo diante de você do modo que você quer manifestá-lo. Coloque o cristal no centro, entre as velas.

5. Quando estiver pronto para completar o ritual, levante-se e apague cada uma das velas, dizendo: "Eu envio luz e amor para o mundo e ele volta para mim multiplicado". Deixe os cristais no altar ou na mesa ou coloque-os ao redor da sua cama.

BUSQUE UM MENTOR

Os mentores assumem muitas formas, e saiba que existe uma diferença entre um mentor e um guru. Um mentor é um consultor confiável, especializado na área em que você deseja manifestar sucesso, seja espiritual, seja material. Os mentores vão guiá-lo e direcioná-lo, ajudando-o a assumir o controle da sua vida e a desenvolver seu próprio senso de responsabilidade e força interior. Eles o incentivam a aproveitar as oportunidades e a seguir em frente. Os mentores empoderam você e ficam muito satisfeitos quando você atinge todo o seu potencial. Podem ser figuras interiores ou exteriores e podem se preocupar com o seu bem-estar espiritual ou sua prosperidade financeira.

O guru é um professor influente, que diz a você o que fazer e você retribui com obediência absoluta. Os gurus tendem a controlar a sua vida e o enfraquecem, em vez de empoderá-lo. Eles lhe dizem como as coisas são e o que você deve fazer para alcançar o sucesso, em vez de guiá-lo. Eles têm sua própria maneira de fazer as coisas, que você deve respeitar se quiser alcançar as metas que eles estabeleceram. Desvie-se do que ele lhe aconselhou a fazer e você será rejeitado e isolado do grupo, o que o desqualifica ainda mais. Se você ficar sob o controle mental de um guru, pode precisar se libertar dele (a ágata com bandas colocada em seu Terceiro Olho é realmente útil nesse caso), antes de encontrar seu verdadeiro mentor. Os mentores podem estar com você por toda a vida ou para uma tarefa específica. Você pode solicitar ao universo que um mentor se manifeste para ajudá-lo em muitos campos. Existem mentores (interiores ou exteriores) que têm uma grande perspicácia para os negócios e outros que oferecem soluções inovadoras para ajudá-lo a desenvolver as habilidades necessárias. Existem mentores que transmitem sabedoria espiritual e outros que o ajudam a viver uma vida mais plena e equilibrada, sem nenhuma ostentação, embora com a ajuda deles você possa reconhecer suas riquezas interiores.

Um mentor de manifestação ajuda você com todos os seus processos de manifestação. Uma simples visualização pode conectá-lo com o mentor certo para o seu propósito, enquanto um cristal de manifestação vai ajudá-lo a manter esse contato forte.

PEDRA DA LUA NEGRA
Seu cristal mentor

Um tipo de labradorita, a pedra da lua negra é excelente para todas as buscas metafísicas, porque protege e abre o seu campo de energia para vibrações mais elevadas e aumenta sua intuição. Se você precisa de um mentor espiritual ou um guia de prosperidade, segure na mão uma pedra da lua negra e peça que um mentor adequado venha até você das dimensões de nível superior ou que se manifeste no mundo cotidiano.

ENTENDA ESSE CRISTAL

A labradorita, a base reflexiva da pedra da lua negra, carrega uma antiga sabedoria espiritual em seu âmago. Ela transmuta qualquer coisa negativa que o atinja, proporcionando uma tela para as suas energias pessoais e permitindo a entrada apenas do que é para o seu bem maior. Poderosamente sintonizada com o mundo espiritual, essa pedra invoca a orientação dos reinos mais elevados. Mas ela também ajuda você a entrar em sintonia com a sua própria orientação interior, ativando a energia da mulher sábia e trazendo a energia do sábio que conhece o segredo da manifestação. Ela atrai um mentor para você.

Ajudando quem está emocionalmente hipersensível ou aberto à influência psíquica, a pedra da lua negra filtra a informação energética que você capta das outras pessoas, para que você possa observar o que é útil e ignorar o restante. Mas essa pedra também tem um profundo efeito sobre a sua energia, ajudando a elevar sua frequência vibracional para que você atraia seres nos níveis espiritual e material e possa se elevar acima de qualquer coisa que possa sabotar sua manifestação.

Com seu poderoso efeito sobre os neurotransmissores, essa pedra supostamente melhora o equilíbrio e a memória. Por tradição, a pedra da lua é usada para harmonizar o ciclo hormonal feminino e ajudar na menopausa. Ela, portanto, aumenta o bem-estar em todos os níveis.

A PEDRA DA LUA NEGRA E A MANIFESTAÇÃO

A pedra da lua negra é particularmente útil para aumentar sua resistência, de modo que você não desista do seu objetivo antes que ele seja alcançado. Essa pedra empurra você para a frente com delicadeza, em direção ao seu objetivo, incentivando-o durante todo o caminho. Ela ajuda crianças e adultos propensos a acidentes, dispráxicos ou hiperativos a se tornarem mais focados, com mais coordenação e poder de concentração, de modo que possam seguir com mais leveza pela vida. Ela também ajuda adultos com dificuldades de coordenação motora ou de concentração a se concentrar melhor e a viver da melhor maneira possível no mundo cotidiano.

COMO USAR A PEDRA DA LUA NEGRA

Essa pedra auxilia a concentração, por isso use-a em períodos de estudo prolongado ou para aprimorar sua criatividade. Coloque a pedra da lua negra ao redor da casa para atrair abundância e criar uma atmosfera calma e serena, ou para atrair um mentor para ajudá-lo alcançar os seus objetivos. Suas energias calmantes estabilizam relacionamentos difíceis e ajudam durante a fase de angústia adolescente, manifestando paz e harmonia no lar.

Carregue a pedra da lua negra com você sempre que precisar se conectar com a sua orientação interna para que ela o ajude a atravessar circunstâncias desafiadoras.

CRISTAIS ALTERNATIVOS

Formação de Mentor, Jasper Kambaba

A formação de mentor é um grande cristal com cristais menores ao redor. Medite com um deles para receber orientação interior ou com o jasper kambaba para ouvir a sabedoria que a natureza oferece e encontrar um mentor sábio para o seu caminho espiritual. Ressonante com o tronco cerebral e os processos do sistema nervoso autônomo, quando colocado na base do crânio, o jaspe kambaba remove bloqueios arraigados e incentiva a assimilação de novos padrões.

Nascer do Sol de Sonora, Ágata com Bandas

O nascer do sol de sonora (uma combinação de Cuprita e Crisocola) também atrai um mentor iluminado. Ajudando você a superar dificuldades com figuras autoritárias e falsos gurus, essa pedra libera o controle da mente. Sintonizando a sua vontade pessoal com a do seu eu superior, ela o ajuda a assumir a responsabilidade pela sua vida. Coloque a ágata com bandas sobre o Terceiro Olho para se libertar do domínio de gurus anteriores.

Visualização da Pedra da Lua Negra

Como eu encontro um mentor?

Essa visualização da pedra da lua negra leva você a conhecer um mentor – alguém que orienta sua vida na direção de canais mais produtivos e apropriados para você. Seu mentor pode ser uma figura interior ou pode se manifestar como uma pessoa em sua vida exterior (ou ambos). Deixe a visualização o mais aberta possível para que você dê espaço para que esses mentores se manifestem conforme apropriado, mas assegure-se de que você não está manifestando uma figura autoritária como guru. A capacidade que a pedra da lua negra tem para aguçar o seu foco mental e aumentar sua intuição irá ajudá-lo a receber sinais do seu mentor e a reconhecer quando as oportunidades se apresentarem.

1. Segure a sua pedra da lua negra limpa e dedicada nas mãos e conecte-se ao poder dessa pedra, sentindo-o irradiar para os seus chakras da manifestação e por todo o seu ser. Relaxe, feche os olhos, olhe para o espaço acima e entre as sobrancelhas e imagine-se caminhando para o seu lugar favorito. Imprima um ritmo suave e cadenciado à sua respiração, percebendo todos os aromas e sensações que pertencem a esse lugar especial. Se você for uma pessoa cinestésica ou auditiva em vez de visual, então seu mentor pode marcar presença por meio do toque, do cheiro, das palavras ou do saber instintivo, por isso abra seus sentidos para receber essas impressões.

2. Peça que seu mentor venha até você. Fique na expectativa, mas não seja insistente. Tenha paciência. Passe algum tempo passeando, desfrutando desse belo espaço e do sentimento de antecipação alegre que seu encontro evoca. Mergulhe nas energias do seu cristal.

3. Enquanto você anda por ali, pode perceber que alguém está vindo em sua direção. A princípio pode parecer uma figura meio indistinta, mas ficará mais clara à medida que se aproxima. Este é o seu mentor interior. Leve todo o tempo de que precisar para se familiarizar com ele e, se necessário, explique o tipo de auxí-

lio de que precisa. Se você quer encontrar seu mentor no mundo exterior, simplesmente relaxe nesse espaço pacífico enquanto faz seu pedido para que o seu mentor externo apareça em breve. Você também pode ter um vislumbre de quem é esse mentor.

4. Quando for a hora de ir embora, agradeça ao seu mentor interior por se fazer presente e combine com ele um sinal para o caso de você precisar entrar em contato. Seu mentor lhe dará um sinal de reconhecimento para ocasiões futuras, mas vocês também podem combinar que, sempre que você pegar sua pedra da lua negra na mão, seu mentor interior estará lá.

5. Coloque sua Pedra da Lua Negra no bolso ou na bolsa, para tê-la sempre com você. Outra possibilidade é colocá-la debaixo do travesseiro à noite, para promover sonhos reveladores, ou ativá-la para atrair seu mentor no mundo exterior.

CONECTE-SE COM OS SEUS ANJOS

Há eras os anjos atuam como intermediários entre o mundo terreno e o divino. De acordo com antigas histórias do esoterismo, eles foram criados por Deus no início do nosso mundo e aderiram à lei cósmica. Embora às vezes visto como fenômeno da Nova Era ou um conceito estritamente religioso, esses mensageiros alados sempre foram ativos em assuntos humanos, mas assumiram vários disfarces. O Alcorão foi ditado a Maomé pelo Arcanjo Gabriel (Jibril, no Islã), o mesmo mensageiro que trouxe a notícia do nascimento de Jesus a Maria. "Homens de branco" aparecem em todo o Antigo Testamento, livros apócrifos e escrituras orientais, mas muito antes esses seres cheios de luz já eram retratados em templos antigos e representados em pinturas rupestres. A presença angélica é muitas vezes assinalada por um perfume maravilhoso ou o barulho de bater de asas, e uma imensa paz e quietude que se espalha pelo ambiente. Mas anjos são conhecidos por assumir a forma humana e nos ajudar sem esperar reconhecimento ou recompensa.

Hoje em dia as pessoas se conectam com anjos não apenas para pedir orientação e por eles serem manifestações tangíveis do amor divino, mas também devido ao desejo de que o nosso planeta como um todo eleve suas vibrações a ponto de a consciência expandida poder se corporificar na Terra. Os anjos são conhecidos há muito tempo por aparecer espontaneamente para as pessoas em momentos de grande trauma ou necessidade, mas hoje em dia são invocados conscientemente, e muitos adeptos da Nova Era acreditam que os anjos em breve caminharão pela Terra ao lado dos seres humanos mais uma vez. Os anjos são particularmente acessíveis à comunicação bidirecional com o mundo espiritual, o chamado *kything*, que é muito diferente da canalização. Essa comunicação é uma conversa – sua própria mente não é posta de lado, mas permanece totalmente engajada no processo. Os seres angélicos sugerem e oferecem orientação. Eles podem ser questionados ou contrariados, e com infinita paciência a questão é abordada e a orientação sobre qual o melhor caminho a seguir é oferecida até que absolutamente tudo fique claro para ambos os lados.

Não importa qual seja a sua crença, convidar os anjos para fazer parte da sua vida lhe trará saúde, felicidade, sabedoria, orientação e prosperidade, pois eles melhoram seus poderes de manifestação e a sua vida espiritual.

CALCITA ASA DE ANJO

Seu cristal para conexão com os anjos

A delicada calcita asa de anjo tem vibrações etéreas da melhor qualidade, o que a torna o receptáculo perfeito para as energias angélicas. Esse belo cristal abre os chakras Estrela da Alma e Portal Estelar, acima da cabeça, para que você receba luz espiritual e orientação dos níveis mais elevados. Ela abre todos os seus sentidos metafísicos para perceber o reino angélico com grande clareza e se comunicar livremente com ele.

ENTENDA ESSE CRISTAL

Todas as calcitas têm uma essência pura e propriedades de limpeza espiritual que a tornam perfeitas para o trabalho com os anjos, mas a calcita asa de anjo incorpora mais plenamente o poder da conexão com esses seres. Suas camadas guardam dentro de si a leveza das asas dos anjos com que ela se assemelha. Trazendo literalmente a vibração angelical para a Terra, a calcita asa de anjo é a pedra perfeita para a comunicação com os anjos e arcanjos.

Essa calcita também o ajuda a alcançar as mais altas vibrações para si mesmo e para explorar as multidimensões da consciência. Com essa pedra você se torna muito mais consciente de tudo o que você é, em todos os níveis do seu ser, e aproveita os seus mais potentes poderes de manifestação.

Esse cristal ajuda você a se sentir confortável na encarnação. Ele integra a consciência expandida e o corpo de luz com o corpo físico, e aterra energias de dimensões superiores no plano físico e na Terra. No nível da cura, a calcita asa de anjo funciona principalmente além do físico para harmonizar o etérico, mas casos estudados sugerem que ela auxilia nas doenças psicossomáticas e na diabete e doenças degenerativas com causas subjacentes. Com seus fios delicados, ela estimula novas vias neurais e harmoniza os hemisférios do cérebro, para que você possa usar sua mente mais efetivamente à medida que integra a consciência expandida e a a consciência superior na leveza do seu ser.

A CALCITA ASA DE ANJO E A MANIFESTAÇÃO

Como as elevadas vibrações da calcita asa de anjo estimulam os chakras Estrela da Alma, Portal Estelar e outros chakras coronários superiores a se abrirem, essa pedra traz luz espiritual para ajudar na sua manifestação. A calcita abre todas as capacidades psíquicas, especialmente a comunicação com os anjos, e facilita o *kything* e a viagem através de multidimensões. No *kything*, sua intenção fica mais clara, a entrada de informações é potencializada e você obtém uma visão profunda das causas subjacentes da má manifestação, assim como daqueles que estão ajudando você.

COMO USAR A CALCITA ASA DE ANJO

Como a calcita asa de anjo é delicada, uma peça grande fica melhor se colocada no centro de um altar para os anjos, com o intuito de focar sua intenção. Você também encontra peças pequenas, que pode usar para meditar e se conectar com seus anjos; mas evite colocá-las no bolso, pois podem esfarelar. Para limpar essa pedra, deixe-a mergulhada no arroz integral por algumas horas e depois coloque-a ao luar durante a noite.

CRISTAIS ALTERNATIVOS

Angelita, Celestita

A angelita é uma forma comprimida de celestita. Os dois cristais facilitam a conexão da consciência com seres angelicais, mas também são pedras da sorte. Facilitando a sintonia com as esferas mais altas e a elevação da consciência, esses cristais melhoraram a sua percepção e intuição. Essas pedras tranquilas aumentam sua compaixão e sua capacidade de amar incondicionalmente. Se você precisar de um salto na sua manifestação, não procure outras pedras, pois estas vão ajudá-lo a confiar na sabedoria infinita do reino divino.

Quartzo Anfibólio, Quartzo Aurora (Anandalita®)

O quartzo anfibólio é uma mistura mágica de minerais, que elevam as suas vibrações ao mais alto nível e invocam a assistência dos anjos sempre que necessário. Iridescente, a vibração excepcionalmente elevada do quartzo aurora expande sua consciência para que você possa alcançar a iluminação aqui na Terra.

Altar da Calcita Asa de Anjo

Como eu me conecto com os anjos?

A montagem de um altar cria um espaço sagrado e facilita a invocação dos seus anjos. Ele o lembra de honrar suas intenções e seu poder de manifestação e mantém sua conexão com esses seres. O altar concentra a sua atenção e ajuda a trazer amor e quietude ao seu coração para que seu anjo possa falar. Posicione seu altar num lugar tranquilo, onde ninguém o tocará. Você pode colocar ali objetos que o lembram dos seus objetivos de manifestação; e flores frescas, velas ou estátuas, para energizar ainda mais esse lugar sagrado. Lembre-se de mantê-lo sempre limpo e com flores frescas. Você vai precisar de uma calcita asa de anjo, um pedaço de cetim ou veludo, velas, flores e outros itens da sua escolha para o seu altar.

1. Depois que você escolher um local adequado para o seu altar, coloque o tecido de cetim ou veludo numa cor adequada à energia angelical que você procura manifestar ou ao arcanjo que você deseja honrar (veja a tabela ao lado). Segure seu cristal na mão e conecte-se ao poder dessa pedra, sentindo-o irradiar para os seus chakras da manifestação e para todo o seu ser.

2. Com a mão esquerda, coloque o cristal no centro do altar. Posicione as velas, flores e outros itens em torno dele. Acenda as velas, se for usá-las.

3. Estendendo as mãos para o altar, peça que os seres angélicos (e qualquer arcanjo específico com quem você queira fazer uma conexão) se manifestem dentro do cristal e em sua vida. Se você tiver pedidos a fazer aos anjos, formule-os de forma clara e sucinta, levando a mão direita à testa e deixando a mão esquerda estendida.

4. Passe alguns momentos por dia concentrando-se em seu altar e dando graças à presença angelical em sua vida. Você também pode usar o altar como foco para uma meditação mais longa.

ARCANJO	COR	QUALIDADE
Anauel	Arco-íris	Prosperidade e abundância
Barakiel	Arco-íris	Sorte e um destino favorável
Atrugiel	Rubro-negro	Guardião pessoal
Raphael	Verde	Cura
Sandalphon	Terrosas	Bem-estar
Asariel	Turquesa	Intuição e *insight*
Azrael	Prateado	Transição
Michael	Azul	Guerreiro espiritual, coragem
Jophiel	Amarelo	Sabedoria cósmica
Gadiel	Cinza enfumaçado	Libertação de dependência
Chamuel	Cor-de-rosa	Amor divino, incondicional
Luminel	Azul-claro	Comunicação
Haniel	Laranja	Sincronicidade inesperada
Gabriel	Branco	Pureza do ser
Uriel	Dourado	Paz e renascimento
Lucifer	Preto com prata	Trazer luz para lugares escuros
Zadkiel	Violeta	Transmutação
Metatron	Puro branco	Harmonia eterna

ATIVE A SUA CONSCIÊNCIA SUPERIOR

A consciência interpenetra e molda tudo. Ela é a cola dos blocos de construção da matéria e o instigador de todas as mudanças e transmutações neste planeta e além. A consciência funciona de várias maneiras diferentes. Nós na realidade operamos dentro de uma faixa muito limitada de consciência: a consciência cotidiana. Abaixo disso (em termos de ressonância e frequência), encontram-se as faixas subconsciente, coletiva e inconsciente da consciência. Mas estas não estão separadas da consciência cotidiana, pois elas se interpenetram e se influenciam mutuamente a cada instante. Além da consciência cotidiana, encontram-se dimensões amplamente inexploradas e literalmente infinitas de consciência cósmica, superior ou quântica, em que tudo é possível, porque todas as coisas já existem em potencial e só precisam ser ativadas pela intenção focada.

A consciência quântica é um campo que não é local: ela está em todos os lugares e em nenhum lugar, tudo ao mesmo tempo. A consciência superior é onisciente e onipresente; ela vê tudo, conhece tudo e cria tudo. É uma partícula que é uma onda e uma onda que é uma partícula. Ela viaja para o passado ou avança no tempo e demonstra que o tempo não existe. Mostra que você cria o acontecimento que está sendo observado. Em outras palavras, a consciência superior é um campo quântico: um universo holográfico com consciência multidimensional e interconexão mística, que tem sido chamado de "consciência da bem-aventurança", Espírito, a Fonte ou Tudo Que É. A consciência superior ou quântica é um dos grandes impulsionadores da manifestação. Não é algo definido além da consciência comum, mas precisa ser trazida para a sua consciência cotidiana. A maneira mais rápida de se fazer isso é meditar com cristais de alta vibração, que conectam você naturalmente a essa imensa fonte de poder e conhecimento espiritual. O termo "consciência superior" refere-se à sua frequência vibratória e consciência ampliada, que abrange a realidade multidimensional. Os dois se complementam e coexistem como parte de um espectro inteiro. Quanto mais "alto" você sobe na consciência, mais expande a sua consciência e mais permeável e maleável se torna a conexão entre você e o resto da criação. Quanto mais você acessar esse espectro e integrá-lo no seu dia a dia, melhor a sua manifestação se torna.

QUARTZO AURORA

Seu cristal da consciência superior

O quartzo aurora, conhecido em sua forma registrada como anandalita®, é um cristal naturalmente iridescente e de vibração excepcionalmente altas, embalado em ondas bioescalares de cura e consciência quântica. Integrando a dualidade na unidade, ele expande sua consciência e leva você à interligação de toda a vida. Ele harmoniza a nova vibração para que toda a criação participe e se beneficie da elevação quântica.

ENTENDA ESTE CRISTAL

Com seus maravilhosos raios coloridos, o quartzo aurora apresenta as possibilidades ilimitadas do ser multidimensional. Sua frequência excepcionalmente alta leva você a viajar pelo Cosmos e além. A meditação com o quartzo aurora revela a estreita faixa de consciência em que você operava anteriormente e abre a porta de entrada para a consciência superior. O quartzo aurora cristaliza de várias maneiras diferentes, refletindo a consciência em todas as suas formas. Na forma delicada de uma flor ou numa drusa "estalactite" (ou agulha), o quartzo aurora se agrupa em torno de um núcleo e tem uma poderosa conexão com Tudo Que É, ligando almas na consciência da unidade e purificando a consciência coletiva. Cristais maiores desse quartzo contêm grandes quantidades de ondas bioescalares e afetam profundamente o bem-estar da humanidade. Eles são excelentes para mudar os padrões da mente subconsciente.

Com suas poderosas ondas bioescalares, o quartzo aurora ativa o mecanismo de cura natural do corpo. Ele rearmoniza qualquer doença ou desequilíbrio criado quando os corpos sutis não se integram com a consciência superior. Também facilita o despertar sutil da energia Kundalini. Se, porém, a Kundalini já houver subido de uma forma não controlada, desconectada, causando desequilíbrios no corpo físico, então o quartzo aurora harmoniza o processo de integração e libera bloqueios emocionais no caminho do despertar espiritual.

O QUARTZO AURORA E A MANIFESTAÇÃO

O quartzo aurora constrói uma rede de energia feita de ondas bioescalares, vibrações mais altas e uma intenção focada para ancorar e atravessar o campo biomagnético, o corpo etérico e o corpo físico de uma pessoa ou do planeta. Desenergizando e desconstruindo qualquer estrutura de energia mais antiga e prejudicial, ele permite que um novo padrão seja criado, apoiando a manifestação em todos os níveis.

Cada matiz dessa pedra tem propriedades específicas. O verde acessa as multidimensões da consciência. O azul amplifica o campo biomagnético, acelerando a cura. O dourado repara e recarrega circuitos de cura e aumenta o fluxo de ondas bioescalares. O vermelho revitaliza e remotiva a alma em sua jornada de manifestação. O marrom carrega a luz do arco-íris que harmoniza e purifica a biosfera, e também traz sombras para dentro da luz. Essa cor carrega a energia dévica e angélica, e auxilia no acesso aos seres que supervisionam o planeta Terra.

COMO USAR O QUARTZO AURORA

Quando se faz uma varredura com a anandalita, passando-a desde o chakra da Estrela da Terra até o chakra da Coroa e de volta ao Estrela da Terra, essa pedra purifica todo o sistema chákrico e o sintoniza com as frequências mais altas, ancorando as energias. Essa pedra desnuda até os recantos mais escuros da sua alma e pacientemente reconstrói seus padrões de energia para que você possa fazer uma mudança maciça na sua consciência e manifestar iluminação.

CRISTAIS ALTERNATIVOS

Todos os quartzos de alta vibração, como a Azeztulita, a Maianita Arco-Íris, o Quartzo Trigônico, o Satyamani, o Quartzo Sayaloka®, a Petalita, a Fenacita

Muitas novas pedras de alta vibração estão chegando ao mercado. Todas elas conectam você à consciência superior e aparentemente superam a dimensão até a qual as pedras anteriores subiam. A pedra que você deve escolher vai depender do seu ponto de partida. Praticantes experientes da terapia com cristais geralmente escolhem as primeiras pedras, como a azeztulita, a maianita arco-íris e o quatzo trigônico, ou as descobertas mais recentemente, para acelerar sua jornada anímica; ao passo que os iniciantes podem começar de forma menos arrojada, experimentando as que já foram testadas e aprovadas, como a satyamani, a satyaloka, a petalita ou a fenacita, para abrir o caminho.

ATIVE A SUA CONSCIÊNCIA SUPERIOR

Meditação do Quartzo Aurora

Como eu me conecto com a consciência superior?

Sente-se em silêncio, segurando um cristal de alta vibração, que transporta você instantaneamente para as dimensões mais altas da consciência. Quanto mais você eleva sua própria frequência vibracional, mais elevada é a dimensão que você pode atingir. Você pode fazer uma escalada progressiva, escolhendo uma sucessão de pedras que podem levá-lo a níveis cada vez mais altos. Ou pode tentar uma das novas pedras de vibração excepcionalmente alta, que o atiram direto no pico da consciência de bem-aventurança (como um trem-bala). Isso vai depender muito da sua própria reação a um cristal específico. Mas seja qual for a pedra ou o método que você escolher, lembre-se de ancorar a nova vibração em seu corpo, para que sua consciência superior possa se manifestar aqui na Terra.

1. Segure seu quartzo aurora na mão e se conecte ao poder dessa pedra, sentindo-o irradiar para os seus chakras da manifestação e para todo o seu ser. Deixe que as poderosas ondas bioescalares do cristal pulsem em todo o seu corpo físico e nos sutis. Sinta enquanto ele realinha os meridianos sutis (canais), células e transmissores celulares, reconfigurando seu sistema imunológico físico e psíquico e reordenando seus circuitos elétricos e seu sistema nervoso central, para acomodar o fluxo de consciência quântica. Leve o tempo que for necessário para que esse processo essencial aconteça.

2. Quando você se sentir pronto, leve o seu quartzo aurora para o seu Dan-tien (logo abaixo do umbigo), depois para o chakra do Soma (meio caminho ao longo da linha do cabelo) e depois até onde você conseguir alcançar acima da cabeça.

3. Deixe o cristal nas mãos, pousadas no colo. Sinta a força Kundalini sutil e luminescente do cristal sendo absorvida pelo canal central do seu corpo, ativando todos os chakras, desde o da Base até os

que ficam na cabeça, e conectando você aos planos mais elevados. Isso vai desencadear o seu despertar espiritual e sua consciência quântica. Dissolvendo as barreiras entre os diferentes níveis de criação, essa pedra leva você para as infinitas possibilidades da mente universal.

4. Surfe nas ondas dessa consciência superior. Não tente controlá-la, basta ter a intenção de explorá-la e experimentá-la. Peça ao cristal para levá-lo através das multidimensões da consciência e nas mais adequadas para você no momento. Você pode não ser capaz de explicar a física quântica de forma coerente quando voltar, mas terá vivenciado intimamente esse lindo universo holográfico que é a consciência multidimensional e a interconexão mística. Lembre-se de que você pode entrar nesse estado a qualquer momento, simplesmente elevando a sua frequência vibracional. O seu quartzo aurora estará sempre pronto para ajudá-lo, mas sua mente logo aprenderá a fazer isso sem a ajuda dele.

5. Quando a meditação estiver completa, coloque o quartzo aurora aos seus pés e conscientemente direcione as mais elevadas energias para se ancorar na Terra. Agradeça ao cristal por seu trabalho. Levante-se e sinta seus pés numa poderosa conexão com o planeta. Se você sentir vertigem, segure uma hematita ou um quartzo enfumaçado, para que aterrem sua energia.

6. Coloque seu quartzo aurora num lugar onde ele possa continuar a irradiar as suas poderosas energias de cura e integração em seu ambiente e para a Terra.

RECONECTE-SE COM A PERFEIÇÃO

No nível mais elevado da alma, você é um ser perfeito. Antes que o tempo existisse, você surgiu da consciência pura e de uma essência espiritual que não continha imperfeições. Algumas pessoas chamam isso de Divindade, outras de Deus ou Espírito, ou Tudo Que É. Não importa que nome você dê a isso – essa essência simplesmente existe. No momento da sua criação, a sua alma decidiu partir numa jornada de exploração, deixando esse estado de perfeição para trás. No entanto, ela levou consigo uma impressão energética, um holograma do divino, uma grade ou esquema etérico sutil que, em seu cerne, contém a semente da perfeição que acompanha você nessa jornada há muitas eras, pelas multidimensões do ser.

Por que você partiu nessa jornada?, você pode perguntar. A consciência que é a sua alma queria conhecer a si mesma. Para isso, era preciso que ela descesse através de muitas camadas e níveis de experiência, passando por vibrações inferiores mais densas, até que, por fim, se manifestasse no mundo físico. Ela formou grupos e se fragmentou novamente, se entregou, juntou pedaços que não pertenciam ao seu eu puro, tornou-se um emaranhado e se enredou em outras redes de alma. Ao longo do caminho a grade perfeita adquiriu incrustações kármicas e feridas anímicas de vidas passadas (coágulos ancestrais que aderiram a ela através do DNA da linhagem familiar) e marcas das muitas experiências que teve. Ela se esqueceu de que era pura consciência e parte da essência original

que era a perfeição. Adquiriu ego e egocentrismo, impressões mentais e emocionais, relacionamentos com outras pessoas, desafios físicos e passou por um enorme sofrimento. Esqueceu suas origens divinas e acreditou que alguma outra coisa era Deus. Tudo isso deixou uma marca na grade etérica. A partir dessa grade, manifestaram-se os muitos corpos em que a alma teve suas experiências humanas. Os bloqueios, feridas e incrustações que carregava apareceram como doenças físicas ou psicológicas nesses corpos.

Mas a integridade inata e o potencial da grade etérica permaneceu, junto com sua conexão com todas as outras grades, não importava a forma que pudessem ter assumido. Elas eram uma só. No coração, elas eram pura perfeição – uma perfeição que pode ser recuperada, e que facilita a manifestação no mais alto nível em todas as esferas da vida.

BRANDENBERG
Seu cristal da perfeição

O cristal brandenberg tem vibrações extremamente elevadas, que o conectam à imensidão do seu ser e do Tudo Que É. Esta é uma pedra poderosa para a alquimia espiritual, perfeita para a cura profunda da alma. Ela ajuda você a conservar a consciência ao atravessar outras dimensões e os conhecimentos que você encontra lá. Multifuncional, cada pedra carrega a ressonância das vibrações do quartzo transparente e do enfumaçado e da ametista, independentemente da sua cor.

ENTENDA ESSE CRISTAL

Os brandenbergs são únicos. Encontrados na Namíbia, onde poderosas linhas de energia telúrica se cruzam, eles são imbuídos de uma energia extremamente potente para a cura. As inclusões e fantasmas dentro da pedra agem como uma escada para dimensões superiores. O brandenberg sintoniza você com a sua identidade espiritual central, ativando a consciência superior e a conexão com as multidimensões do mundo espiritual. Ele restaura o estado energético perfeito da grade etérica, a partir do qual o corpo físico foi formado, levando-o à vibração mais elevada do Tudo Que É: a perfeição. Essa pedra também estabelece o equilíbrio dos corpos mental, psicológico, emocional e físico e os esquemas kármicos ancestrais.

O BRANDENBERG E A MANIFESTAÇÃO

O brandenberg ajuda na jornada para o estado entrevidas, com o intuito de conhecer o seu plano anímico para a vida atual. Essa pedra faz você voltar ao seu plano original se você se desviou, e o liberta de imperativos anímicos já superados. Curando as impressões e os efeitos de traumas de vidas anteriores (não importa em que dimensão essas vidas foram vividas), ele restaura seu poder de manifestar com sabedoria. O brandenberg também remove bloqueios à visão espiritual e acessa a orientação da mais pura fonte. Essa pedra protetora auxilia durante a recuperação da alma ou de partes infantis (reintegrando partes da alma que se separaram na infância) e facilita a purificação e integração dessas partes em seu eu do presente.

COMO USAR O BRANDEBERG

O brandenberg purifica o chakra do Coração superior e abre a garganta, para que a verdade espiritual seja dita com amor incondicional e compaixão. Um mestre de cura, ele restaura a vitalidade, levando você para o mais perfeito estado energético possível e ativando o holograma divino dentro da alma.

Embora os brandenbergs individuais carreguem a vibração do quartzo enfumaçado, da ametista e do quartzo transparente, cada cor auxilia de forma diferente. O brandenberg enfumaçado é a melhor ferramenta para a remoção de implantes, anexos, possessão espiritual ou influência mental; ele ajuda na transição consciente. Se você tem uma doença – física ou psicossomática – ou passou por circunstâncias traumáticas devido ao karma ou crescimento da alma, o brandenberg enfumaçado ajuda você a enfrentar o restante da sua vida atual com equanimidade e alegria, sabendo que a sua situação é a mais adequada para a sua evolução. A ametista brandenberg cura o desgosto ou contratos anímicos de vidas passadas, manifestando um parceiro que apoie totalmente quem você é, enquanto o brandenberg transparente reconecta você com a pureza do seu ser.

CRISTAIS ALTERNATIVOS

Quartzo Aurora (Anandalita®), Quartzo Satyaloka®, Quartzo Nirvana

Naturalmente iridescente, o quartzo aurora tem vibrações excepcionalmente elevadas, que integram a dualidade na unidade, levando você à interconexão de toda a vida e harmonizando a nova vibração para criar uma elevação quântica. O quartzo satyaloka teve sua vibração elevada pela luz espiritual, por isso ele cria uma profunda união com a Divindade e abre os mais elevados níveis de consciência mística. O quartzo nirvana (um quartzo com uma alta vibração do Himalaia) facilita uma mudança para a iluminação da bem-aventurança interior. Na interface entre consciência e matéria, mente e corpo, espírito e alma, passado e futuro, humano e divino, o quartzo nirvana é a perfeição em forma de cristal.

Quartzo Fantasma

Se os novos quartzos de alta vibração não estiverem disponíveis para você, o quartzo fantasma pode servir como uma escada para purificar padrões antigos.

A Jornada para a Perfeição

Como eu posso me reconectar com a perfeição?

Os fantasmas, as camadas e as inclusões dentro do brandenberg agem como uma escada para dimensões superiores. Essa jornada leva você através de energias sutis, para alcançar o padrão de energia perfeito no centro do universo e do seu ser. Ele remove tudo o que ficou impregnado no plano perfeito com o qual sua alma começou sua jornada para a encarnação. Elimina incrustações kármicas, feridas da alma, bloqueios, crenças e imperfeições, não importa onde tenham surgido. Em seguida, revela e reimprime o padrão de energia perfeito, que contém todas as possibilidades e potenciais para você e seu futuro – e para as gerações vindouras.

1. Segure seu brandenberg na mão e se conecte com o poder da pedra, sentindo o poder dela irradiando para os seus chakras da manifestação e para todo o seu ser. Acomode-se em algum lugar silencioso e respire suavemente, retirando a atenção do mundo exterior e concentrando-a no cristal. Mantendo os olhos semicerrados, deixe-os sair de foco e olhe para os fantasmas e inclusões dentro do brandenberg.

2. Sinta o cristal levando você ao pé da escada que leva a dimensões superiores. O primeiro degrau leva você através da sua própria aura, ajudando-o a eliminar bloqueios e expandindo a sua consciência. Ele passa através do nível físico, de modo que antigos bloqueios, incrustações e impressões negativas sejam removidos. Em seguida, ele passa através do nível emocional, dissipando emoções tóxicas arraigadas e purificando o corpo emocional. Ele passa depois pelo nível mental, eliminando crenças tóxicas e impressões mentais negativas. Afasta entidades indesejadas e elimina amarras e dívidas kármicas que você acumulou ao longo da sua longa jornada anímica. Sua aura pode ficar um pouco "esburacada" por causa de toda essa energia liberada, mas a luz do cristal preenche os espaços abertos até que surjam novos padrões para preenchê-los.

3. O segundo degrau leva você à sua herança ancestral, purificando e curando a linha ancestral à medida que avança. O cristal envia cura para todos os ramos da árvore genealógica e também para as gerações futuras.

4. O terceiro degrau leva você ao encontro da sua alma e ao Eu Superior, que vê muito além de você, quando está sob a influência das energias do plano terrestre. Ele o ajuda a limpar e liberar seu passado kármico.

5. O quarto degrau o leva à dimensão mais elevada possível e purifica o seu ser espiritual, liberando feridas da alma e imperativos que não lhe servem mais. Ele o libera de amarras e emaranhados kármicos, contratos de alma e comprometimentos que surgiram em consequência deles. Passe algum tempo nesse degrau para reunir e despertar sua sabedoria espiritual e a consciência do seu verdadeiro propósito.

6. O brandenberg o leva para onde sua pura essência espiritual (o modelo perfeito de tudo que você é e tudo que pode ser) espera por você. Entre nesse esquema etérico e absorva os novos padrões e potenciais que essa pedra lhe oferece. Sinta-a se reconectando com o holograma divino, ajustando e harmonizando todos os níveis do seu ser, até que se estabeleça no físico, de modo que você manifeste um ótimo bem-estar e o verdadeiro propósito da sua alma.

7. Quando estiver pronto para voltar ao mundo cotidiano, traga sua consciência de volta escada abaixo e desvie os olhos da pedra. Seu foco vai ficando mais nítido, até tocar o plano terreno outra vez. Volte a sua consciência para o corpo físico suavemente. Respire um pouco mais fundo. Mova os dedos das mãos e dos pés, alongue-se e levante-se lentamente, até que os seus pés façam contato com a Terra. Se sentir vertigem, coloque um quartzo enfumaçado entre os pés e segure uma hematita nas mãos.

ABRA A PORTA DA SUA ALMA

A maior parte do universo (assim como o nosso corpo) é "espaço vazio" preenchido com energia dinâmica, e podemos ver a alma como um veículo para essa energia cósmica. Porém, a energia permeia a alma e o corpo físico, pois eles não estão separados. A conexão com a alma abre um canal para a consciência superior e para poderes de manifestação da mais alta ordem.

Fica claro pelas regressões a vidas passadas, experiências de quase morte e fora do corpo, recordações espontâneas e mensagens canalizadas que a mais singular característica da alma é o fato de ela ter vida. Ela é consciente, capaz de se mover e escolher, e tem uma identidade coesa. Também é claro que a alma habita várias dimensões e tempos, *tudo ao mesmo tempo*, porque é holográfica. Ela também reflete e experimenta cada parte de si mesma, mesmo quando aparentemente fragmentada. Feita de energia em vez de matéria, a alma-holograma pode se comunicar com suas muitas formas dentro de uma e receber experiências delas. Se a alma escolhe brilhar à luz da consciência por meio de uma parte diferente do padrão holográfico, ela reflete uma atitude diferente da mente e dá à alma uma perspectiva totalmente nova sobre uma questão antiga ou abre novas áreas a serem exploradas.

Temos uma parte da alma, chamada "pequeno eu", que está aqui encarnada na mais densa vibração do ser: o corpo físico. Mas nós também temos uma parte da alma, o "Eu Superior", que não está totalmente encarnada e tem acesso a outros reinos do ser. Ela é muito mais sábia do que o "eu encarnado". O Eu Superior sabe quais foram os contratos anímicos que a alma fez, toda a extensão do plano anímico para a atual encarnação e onde ele se encaixa no seu plano evolutivo geral, assim como a história da alma. Ele mantém o controle de experiências encarnatórias e guia a alma para a compreensão e a plenitude. O Eu Superior está em contato com os Registros Akáshicos, que detêm as informações sobre tudo o que já aconteceu ou acontecerá. Portanto, o contato mais próximo com a sua alma torna você mais capaz de manifestar quem você realmente é.

QUARTZO TRIGÔNICO
Seu cristal da alma

Caracterizado por triângulos invertidos em cascata em uma ou mais faces do cristal, o símbolo da alma trigônico está aparecendo em muitas pedras e carrega códigos de DNA cósmico e pura essência anímica. O quartzo trigônico atua como uma parteira da alma e abre a porta da sua alma em todas as suas manifestações. Essa pedra leva você ao âmago de quem você é e de quem está destinado a ser.

ENTENDA ESSE CRISTAL

O quartzo trigônico é uma ferramenta profunda para a evolução pessoal e planetária. Seu poder reside na sua grande ligação com a alma e a consciência da unidade. Essa pedra faz com que a transição entre diferentes níveis da realidade ocorra com graça e facilidade. Ela carrega o DNA holográfico da alma e serve como um todo integrado. O quartzo trigônico ajuda você a transcender os limites da realidade cotidiana. Cada pessoa que trabalha com esse cristal tem uma experiência pessoal única. O trigônico se solidificou e se tornou conhecido para ajudar na transição para a consciência expandida, e ele precisa de uma consciência humana compatível e harmoniosa para facilitar seu trabalho: que é abrir chakras sutis de dimensão superiores para um influxo da realidade espiritual e impulsionar você para a consciência expandida. Depois que você experimenta a consciência quântica, a sua taxa vibratória é permanentemente alterada para uma frequência mais elevada.

As marcas triangulares nas faces do cristal parecem esculpidas, mas elas são uma formação natural, que pode aparecer em qualquer momento. O ser-energia da superalma trigônica está passando de um estado plasmático para um estado cristalino. Esse cristal está, ele próprio, passando por uma profunda metamorfose e por isso ajuda você a fazer uma transmutação semelhante. O efeito é rápido, furioso – e altamente focado.

O QUARTZO TRIGÔNICO E A MANIFESTAÇÃO

Criando um núcleo sereno em torno do qual tudo flui com rapidez, o quartzo trigônico torna mais fácil estar "aqui" e "lá" ao mesmo tempo, sabendo que tudo é uma coisa só. Fazendo você ficar com o que existe no momento, esse cristal reconecta você ao seu propósito mais elevado, sem ceder ao que o ego pode desejar. Antes de trabalhar com esse cristal é essencial eliminar bloqueios e a toxicidade do corpo físico e dos corpos sutis, bem como abrir os chakras das dimensões superiores, porque de outro modo os problemas não resolvidos virão à tona e poderão induzir a uma catarse dramática. Depois disso, você estará conectado à sua alma no mais alto nível. Ao manifestar a partir desse nível, você trabalha para o bem maior de todos. Ao ancorar a consciência superior na Terra, você eleva o nível evolutivo da consciência do planeta.

COMO USAR O QUARTZO TRIGÔNICO

Se você segurar essa pedra na mão, ela o levará instantaneamente à consciência quântica, a partir da qual terá uma visão objetiva da jornada da sua alma. A meditação com o quartzo trigônico desencadeia uma onda cerebral beta-teta que possibilita a cura profunda e a reestruturação do corpo físico, das suas crenças e realidades. O quartzo trigônico manifesta a paz em qualquer situação de conflito.

CRISTAIS ALTERNATIVOS

Ametista Capa de Cristal (Capa de Neve)

A ametista capa de cristal serve como uma escada para elevar a sua consciência e trazer você de volta ao seu corpo, integrando a consciência quântica quando a experiência estiver completa. Esse cristal harmoniza o cérebro, incentivando a integração das várias partes, e ativa os neurotransmissores, criando novos caminhos neurais para que você possa manifestar coisas novas.

Merlinita Mística, Fenacita

A merlinita mística expande rapidamente a consciência. Ela facilita a exploração das partes ocultas da sua psique, para que você compreenda melhor as situações que causaram um efeito profundo na sua manifestação. A fenacita é útil se você estiver iniciando uma jornada para unir sua consciência pessoal com a consciência superior, pois ela cura a alma e purifica os corpos físico e sutis, para que a consciência superior possa se manifestar na Terra.

Meditação Trigônica

Como eu me reconecto com a minha alma e com o meu propósito anímico?

Como sua alma vê muito mais longe do que a parte de você que está encarnada nas vibrações densas da Terra, faz sentido estabelecer uma forte conexão com ela, a partir da qual manifestar. Quando está na mesma sintonia que esse eu de vibração mais alta, você vê os planos que fez antes de vir para esta encarnação: a missão da sua alma. Algumas pessoas planejam sua nova encarnação com extremo cuidado, ao passo que outras voltam para o plano terreno sem muita reflexão. Esses dois tipos de pessoa são atraídos para a matéria devido a assuntos inacabados; a diferença está no modo como (ou se) planejaram lidar com isso. Quem planeja geralmente tem a intenção de se desenvolver espiritualmente. No entanto, assim como nosso eu aqui embaixo pode ter desejos e imperativos inconscientes, provenientes de condicionamentos anteriores que direcionam nosso comportamento, a alma também pode. Se você tinha um propósito anímico no passado que não foi cumprido, isso pode estar influenciando o seu inconsciente e corrompendo sutilmente a sua intenção atual. Essa meditação ajuda você a identificar e reenquadrar qualquer propósito obsoleto que possa ter.

1. Segure sua pedra na mão e se conecte com o poder dela, sentindo-o irradiar para os seus chakras da manifestação e para todo o seu ser.

2. Olhe para os triângulos da sua pedra: cada um mostrando uma faceta de você mesmo e servindo como uma porta de entrada para a holografia da sua alma. Deixe que essas facetas se comuniquem energeticamente com você, contando a história da sua jornada espiritual, com seus altos e baixos, créditos e déficits, sabedoria e consciência. Sinta a imensa amplitude da sua alma.

3. Se houver partes da sua alma que se fragmentaram ou ficaram presas em outro ponto do tempo, peça que essas partes retornem a você através do cristal, para que a energia seja purificada e devolvida à sua vibração mais elevada. Dê as boas-vindas a essas partes.

4. Peça que sua alma deixe claro para você o propósito desta encarnação, a missão anímica que você se propôs a cumprir e como você poderá cumpri-la da melhor maneira possível. Pergunte que contratos anímicos você fez com outras pessoas e que podem ser cumpridos nesta vida presente.

5. Peça à sua alma para lhe mostrar qualquer imperativo anímico negativo do passado, contrato de alma ou propósito ultrapassado que possam estar interferindo na execução da sua missão aními-

ca. Depois que isso lhe for mostrado, explique para a parte da alma que está carregando esse propósito ou contrato desatualizado que ele não se aplica mais, que você já seguiu em frente na sua evolução e está na hora de deixar tudo isso para trás.

6. Seu cristal chama sua atenção para uma porta delineada na mais brilhante luz celestial, além da qual triângulos cintilantes dançam e cantam. Deixe as energias do cristal passarem por você através desse portal, que leva para a mais elevada frequência energética da sua alma. Descanse nessa energia e absorva-a.

7. Quando for a hora de voltar, traga esse contato com a sua alma de volta com você, ancorando-o no seu coração. Coloque o cristal onde você possa vê-lo com frequência, para lembrá-lo de manifestar a partir da sua alma.

8. Levante-se, sinta o contato dos seus pés com o chão e depois leve a sua alma para o mundo.

DEIXE A MAGIA ENTRAR NA SUA VIDA

Este livro todo descreveu como criar uma vida mágica, um espaço para as felizes coincidências e a sincronicidade, para a paixão e o sonho, para a criatividade e a manifestação alegre, para a alma e a plenitude espiritual. Agora é hora de você juntar tudo isso. Nesta fase você já eliminou pensamentos indesejáveis, transformou suas emoções negativas em emoções positivas, mais sintonizadas com a consciência quântica e com a incrível amplitude da alma, adquiriu o dom da alegria e do contentamento, e aprendeu a ser um ímã para a felicidade. Você já sabe que a prosperidade e a abundância são muito mais do que riqueza material, já transformou qualquer programa tóxico que estava seguindo e agora está enviando sinais para o universo que atraem apenas o que há de melhor e mais elevado.

Então o que resta? Bem, é hora de deixar um mundo de encantamento e magia fazer parte da sua vida. Para que ela seja repleta de momentos mágicos. Se você parar para pensar, vai perceber que a vida em si já é mágica. Afinal, você está de pé num planeta que está girando no espaço a centenas de quilômetros por hora e não está caindo. Você nem sequer percebe que está girando – magia pura! Você é composto por milhões de átomos, a maioria deles compostos de espaço vazio, e ainda assim você tem uma forma material. Mas a sua consciência pode deixar essa forma para trás e viajar fora do corpo. Você tem uma imaginação que pode criar qualquer coisa ou qualquer lugar que desejar – e você tem o poder de manifestar tudo isso.

As chaves mágicas:

• Siga a sua paixão.

• Use o poder da sua imaginação.

• Invista nos desejos do seu coração.

• Acredite em si mesmo.

• Seja grato, sinta-se abençoado.

• Crie o seu próprio sonho mágico!

MERLINITA
O seu cristal mágico

Uma combinação de quartzo e psilomelano, a merlinita traz magia para a sua vida. Essa pedra holográfica contém a sabedoria combinada de taumaturgos, xamãs, alquimistas, magos, sacerdotes e praticantes de magia ao longo de todas as eras. Mesclando vibrações espirituais e terrenas, unindo o que está acima com o que está embaixo numa correspondência mágica que transmite o poder dos deuses à Terra, esse cristal facilita o acesso às dimensões espirituais e aos reinos mágicos e xamânicos.

ENTENDA ESSE CRISTAL

A merlinita recebeu o nome do lendário mago/mentor do Rei Arthur. Uma pedra reflexiva, essa ágata dendrítica é perfeita para o trabalho mágico porque suas delicadas gavinhas ramificadas e camadas fluidas criam caminhos que atravessam sutilmente os véus entre os mundos visível e invisível. Ela ajuda você a se sentir seguro e protegido, enquanto explora o desconhecido. Essa pedra abre seus canais intuitivos e harmoniza as vias neurais do cérebro, tornando-o mais receptivo à magia alquímica e sinérgica. Ela atrai mentores e aliados de outros mundos enquanto você aprende a arte da magia ou do xamanismo. As porções mais escuras da merlinita podem levá-lo aos subterrâneos do seu próprio eu, facilitando a jornada xamânica de recuperação da alma e a cura do núcleo da alma. Ela o ajuda a aceitar e integrar as qualidades da sua sombra, nas quais estão os seus maiores dons.

Uma pedra que atrai felizes sincronicidades e a transmutação xamânica, a merlinita sintoniza você com o fluxo universal e facilita a manifestação das forças cósmicas no mundo material. Graças à sua poderosa conexão com os elementos, ela é por tradição usada na magia do tempo e da fertilidade.

A MERLINITA E A MANIFESTAÇÃO

A merlinita ajuda você a entender o destino da sua alma. Ela também o ajuda a aceitar que aquilo que você acha que precisa pode não ser o necessário para o seu mais elevado bem e crescimento. Pedra de síntese e integração, ela conecta o intelecto à intuição, o subconsciente à mente consciente, a escuridão à luz, e une o masculino e o feminino num casamento alquímico de criação ilimitada.

A merlinita auxilia na leitura dos Registros Akáshicos da sua alma, induzindo viagens para o período entrevidas ou para vidas passadas ou futuras, de modo que você possa reenquadrar e sanar incidentes que, caso contrário, poderiam levar à manifestação ineficaz. As almas cumprem os destinos planejados no período entre as vidas, embora esse plano possa ser sabotado pelo karma acumulado e por planos de alma ultrapassados, provenientes de outras vidas. Ao acessar os Registros Akáshicos, você vê o que foi e o que poderá ser: seu futuro em potencial, dependendo das escolhas que está fazendo agora.

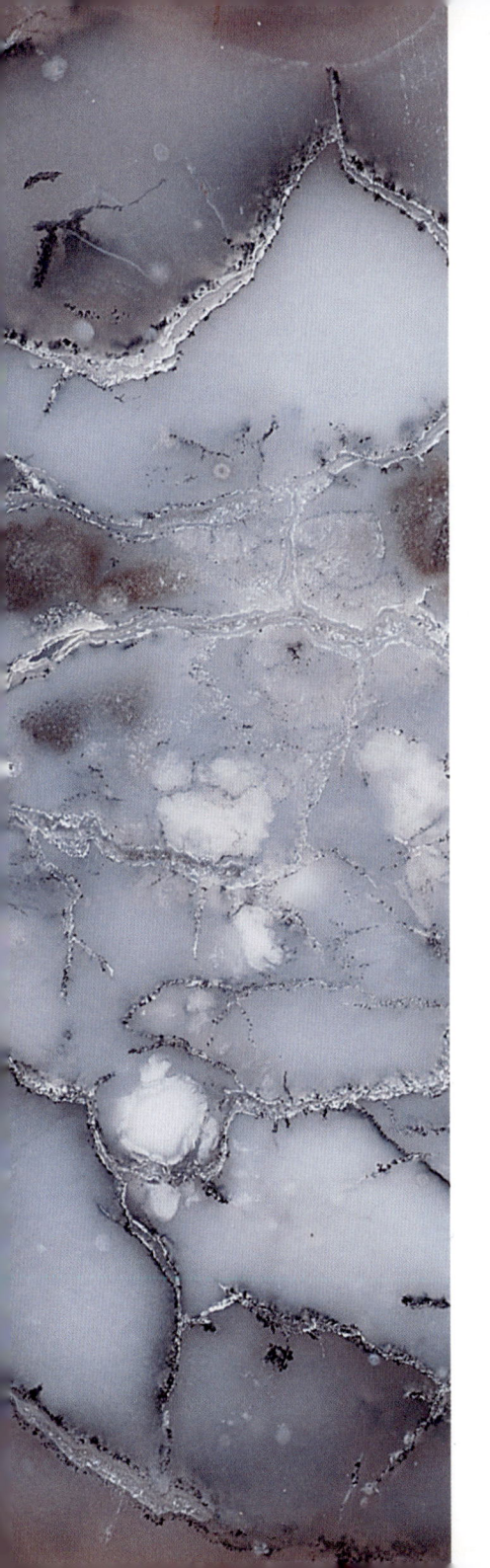

COMO USAR A MERLINITA

Quando você tiver que fazer uma escolha, coloque a merlinita sobre o Terceiro Olho para ver as possíveis consequências e manifestar o resultado desejado. Com o poder dessa pedra, você pode aprender mais sobre o propósito da sua alma.

CRISTAIS ALTERNATIVOS

Estaurolita, Estibnita

A estaurolita dá suporte a rituais mágicos e melhora a comunicação entre os mundos. A estibnita é a pedra do xamã: facilitando a mudança de forma, ela cria um escudo poderoso ao redor do corpo, enquanto o espírito está viajando no astral. Quando usado como uma varinha, ela separa o que é puro do que é escória e revela o ouro que existe dentro de você.

Bronzita, Mohawkita

A bronzita cria um espaço luminoso para o trabalho mágico e ajuda você a entrar num estado de "não ser", levando-o a um lugar de completa serenidade. Se você ficou preso num padrão negativo, a bronzita libera você para seguir o fluxo universal. A mohawkita combina a estabilidade e perceptividade do metal com as possibilidades de transmutação do cobalto. Excelente para trabalhar simultaneamente numa dimensão superior e na frequência da Terra, essa pedra ancora a mudança vibracional e aproveita os campos de energia sutil para criar magia.

DEIXE A MAGIA ENTRAR NA SUA VIDA

Manifestação Mágica da Merlinita

Como eu posso deixar a magia entrar na minha vida?

A tradição mágica ensina que tudo o que a magia da sua mente imagina se manifesta no mundo material. A decisão de reservar um tempo para criar momentos mágicos infunde na sua vida uma magia poderosa e fundamenta seus desejos de manifestação na vida cotidiana. Enviando seus desejos, e depois invocando e ancorando o fluxo criativo universal, essa pedra cria um ciclo interminável de manifestação contínua. Dar a outra pessoa algo que você valoriza é o primeiro passo para manifestar a abundância. O receptáculo consagrado pelo tempo e criador de magia é o caldeirão, que representa o ventre da criação. E o símbolo universal para a manifestação é o pentagrama, um sigilo fluido, uma forma mágica que cria, reúne e gera novamente. Você vai precisar, portanto, de um "caldeirão" (você pode usar um copo grande de fundo plano ou uma tigela de metal, ou uma tigela de cristal se tiver uma), um círculo de cartolina que caiba dentro dele, uma caneta, cinco cristais de merlinita e cinco velas.

1. Antes de iniciar este ritual, ofereça espontaneamente a alguém algo que você valoriza. Dê para a primeira pessoa que você encontrar ou para alguém que se beneficiaria com esse presente. Se possível, faça isso anonimamente.

2. Num círculo de cartolina que caiba no fundo do seu "caldeirão", desenhe um pentagrama sem fazer nenhuma pausa. No centro, desenhe ou fixe uma figura do olho mágico que tudo vê (o olho que literalmente vê tudo, indo muito além da realidade consensual em todas as possibilidades e dimensões). Coloque o seu diagrama no fundo do caldeirão.

3. No caldeirão, insufle compaixão e amor por todos. Preencha-o com pensamentos de gratidão e bênçãos.

4. Segure as pedras limpas com a mão esquerda e conecte-se ao poder delas, sentindo-o irradiar para os seus chakras da manifestação e para todo o seu ser. Estenda a mão que segura as pedras sobre o caldeirão, depois coloque a mão direita sobre o seu Terceiro Olho e invoque o mais elevado poder cósmico, para abrir o pentagrama e vinculá-lo ao olho que tudo vê, no centro. Convide seu próprio olho interior, que tudo vê, a se abrir.

5. Com a mão direita, coloque uma pedra na ponta superior central do pentagrama, invocando a magia do universo. Coloque outra pedra na ponta inferior direita do pentagrama e outra na ponta

superior esquerda. Vá para a ponta superior direita e coloque ali uma quarta pedra. Coloque a última pedra na ponta inferior esquerda, depois volte a tocar a primeira pedra.

6. Coloque as velas ao redor do caldeirão, na direção das cinco pontas do pentagrama, e acenda cada uma delas, invocando as forças superiores da magia e a luz do universo enquanto você faz isso. Convide a magia para entrar na sua vida. Irradie essa energia para tudo ao seu redor, para iluminar o seu caminho e a vida de outras pessoas.

7. Fite esse pentagrama brilhante até conseguir vê-lo nitidamente mesmo de olhos fechados. Nas semanas seguintes, reserve um momento ou dois por dia para fazer uma pausa no que está fazendo, fechar os olhos e visualizar esse pentagrama brilhante novamente, convidando a alta magia a se manifestar na sua vida.

GLOSSÁRIO

ANCORAMENTO: criação de uma conexão forte entre a alma, o corpo físico e o planeta

AURA: corpo de energia sutil ao redor do corpo físico

CANAL CENTRAL: tubo energético que passa pelo centro do corpo (próximo à coluna vertebral) e liga os chakras à consciência superior; o trajeto da energia Kundalini

CHAKRA: ponto de ligação energético entre o corpo físico e os corpos sutis. O mau funcionamento dos chakras leva a doenças ou perturbações físicas, emocionais, mentais ou espirituais.

CHAKRA DO PORTAL ESTELAR: localizado tão alto quanto você pode alcançar acima da sua cabeça, esse chakra é um portal cósmico para outras dimensões e para a comunicação com seres iluminados

CHAKRA ESTRELA DA TERRA: localizado a cerca de 30 cm dos pés, esse é o nosso ponto de ligação com a energia nutritiva da Mãe Terra. Ele nos mantém na encarnação física e nos ancora no planeta.

CHAMA GÊMEA: nome pela qual algumas pessoas chamam a alma gêmea, embora uma chama gêmea não tenha karma, lições ou promessas anímicas ou assuntos inacabados

CINESTESIA: percepção do corpo ou capacidade de sentir as coisas em vez de vê-las

CONSCIÊNCIA EXPANDIDA: um espectro expandido da consciência que abrange as frequências ancoradas mais baixas da Terra e as frequências mais elevadas das multidimensões. O estado de consciência expandida facilita o acesso a cada nível da realidade e a todas as estruturas temporais simultaneamente

CONSCIÊNCIA SUPERIOR: expansão do espectro de consciência que abrange as frequências mais baixas e aterradas da Terra e as frequências mais altas das multidimensões

CORPO ETÉRICO: escudo biomagnético sutil que envolve o corpo físico

CRENÇAS NUCLEARES: crenças antigas, profundamente arraigadas, muitas vezes inconscientes, que são transmitidas através da linhagem ancestral ou da linhagem da alma e afetam poderosamente o comportamento no presente. As crenças nucleares podem estar em desacordo com o que a mente consciente acredita que quer.

CRISTAL ROLADO: cristal que foi polido e teve suas arestas retiradas

DAN-TIEN: pequena esfera rotatória geradora de força, localizada sobre o chakra do Sacro. Quando essa esfera está vazia ou esgotada, a energia criativa não funciona apropriadamente, resultando em desequilíbrio. Essa energia se esgota por meio do ato sexual sem amor, do excesso de trabalho e do vampirismo energético.

DESENERGIZAR: retirar a carga emocional de uma emoção negativa ou construto mental para abrir espaço para que um sentimento ou crença positiva se expresse

DESINTOXICANTE: substância que extrai toxinas do corpo

ENERGIA BIOMAGNÉTICA: campo de energia eletromagnética sutil e organizado que envolve o corpo humano, bem como todas as coisas vivas (incluindo cristais)

ENERGIA SUTIL: Cápsula de energia biomagnética sutil que envolve e interpenetra o corpo físico e interage com os corpos físico e psíquico para mediar o fluxo de energia

ENERGIA/ONDAS BIOESCALARES: campo de energia estável criado quando dois campos eletromagnéticos se contrapõem, afetando diretamente o tecido no nível microscópico e propiciando um equilíbrio terapêutico. Pesquisas mostram que ondas bioescalares melhoram a circulação, fortalecem os sistemas imunológico e endócrino, aumentam a coerência do campo biomagnético e propiciam a cura em todos os níveis.

ESCUDO BIOMAGNÉTICO: corpo de energia sutil em torno do corpo físico, que compreende a camada física, a emocional, a mental e a espiritual

ESQUEMA ETÉRICO OU GRADE ETÉRICA: programa energético sutil a partir do qual os corpos sutil e físico são construídos. Ele carrega impressões, doenças, lesões e crenças de vidas passadas que as condições da vida presente podem refletir.

ESTADO ENTREVIDAS: estado vibratório em que a alma se mantém entre as encarnações

FACETADO: relativo à face plana e polida de uma pedra preciosa ou cristal natural lapidado

FANTASMAS E INCLUSÕES: formas piramidais, pequenos cristais ou fragmentos minerais e bolhas encontrados dentro de uma ponta de cristal

FORMAS-PENSAMENTO: formas criadas no nível etérico ou espiritual por pensamentos positivos ou negativos poderosos, e podem afetar o corpo mental da pessoa

GERADOR: aglomerado de quartzo com pontas irradiando em todas as direções ou uma grande ponta com seis faces iguais que se encontram num ponto central. Esse cristal gera energia e a irradia para o mundo ao seu redor.

GRADE OU GRADEAMENTO: posicionamento de cristais num padrão específico

INCLUSÕES: veja Fantasmas

INFLUÊNCIAS MENTAIS: efeito dos pensamentos e opiniões fortes de terceiros sobre a mente de uma pessoa

KARMA: resultado do princípio segundo o qual colhemos o que plantamos, ou a soma total de tudo o que ocorreu no passado. O karma é um ciclo dinâmico e autocriado que rege a vida presente, mas também abrange ações de nossas experiências passadas e o nosso futuro em potencial.

KI (ou QI): força vital universal

KUNDALINI: energia interior espiritual, sutil, criativa e sexual, que reside na base da coluna vertebral e, ao despertar, sobe até o chakra da Coroa. O planeta também tem energia Kundalini.

KYTHING: comunicação bidirecional com o mundo espiritual, em que a mente não é posta de lado

LEI DA ATRAÇÃO: o princípio segundo o qual "semelhante atrai semelhante"

LINHAGEM ANCESTRAL: meio pelo qual os padrões e crenças familiares são transmitidos das gerações anteriores

MEMÓRIA CELULAR: memória de vidas passadas ou atitudes, traumas e padrões ancestrais carregados pelas células, que se tornaram profundamente arraigadas à medida que programas negativos contínuos causadores de doenças são reproduzidos no presente de maneiras ligeiramente diferentes

PLANO DA ALMA OU ANÍMICO: intenções e planos de aprendizado da alma para a vida presente, que podem ter sido arquitetados com muita reflexão no estado entrevidas ou podem ter sido uma reação impulsiva a causas kármicas

PROGRAMAÇÃO EMOCIONAL NEGATIVA: deveres, obrigações e emoções como a culpa, incutidos muitas vezes na infância ou em outras vidas, que permanecem na mente subconsciente, influenciando o comportamento atual da pessoa e sabotando a sua capacidade de manifestar, enquanto não são superados

PSICOSSOMÁTICO: relativo a uma doença causada por emoções tóxicas, como ciúme, amargura e ressentimento, ou padrões de crença arraigados e expectativas, que se tornam uma doença física. Por exemplo, se uma pessoa tem o coração empedernido, isso pode se manifestar como um endurecimento das artérias.

REENQUADRAMENTO: prática que consiste em considerar um acontecimento do passado de um ponto de vista diferente e mais positivo, para curar doenças e distúrbios que ele possa ter causado

REGISTROS AKÁSHICOS: registro cósmico que existe além do tempo e do espaço, e que contém informações sobre tudo o que ocorreu e tudo o que ocorrerá no universo

TERCEIRO OLHO: sede da visão interior, localizada no centro da testa, entre as sobrancelhas e ligeiramente acima delas

TRANSMUTAÇÃO: mudança energética para melhor ou padrão embutido para que seu potencial possa se realizar

TUDO QUE É: o Espírito, a Fonte, a Divindade; a soma total de tudo o que existe

VISUALIZAÇÃO: arte de ver as coisas com o olho da mente

ÍNDICE

Abundância ou prosperidade, criando 14, 16, 38, 39, 61, 62, 79, 80, 85, 86, 87, 92, 104, 117, 122, 154
afirmações 22, 38, 115
Ágata 152
Ágata com bandas 121, 123
Ágata Fóssil do Vento 56-9
Aglomerado de Quartzo 81
alma, reconectando-se com a 145-49
alquimia financeira 67, 68
altar 28, 39, 40-1, 112, 128, 130-31
Âmbar 75
Ametista 38, 39, 62, 75
Ametista Brandenberg 140
Ametista Capa de Cristal (Capa de Neve) 147
Ametrina 75
Amolita 39
amor 59, 86, 92, 110 encontrar 115-19
amor incondicional 115, 116, 117
Anandalita 81, 129
Andradita, Granada 104
Anfibólio 110-13, 129
Angelita 129
anjo guardião 110 (vf. anjo da guarda?)
anjos, conectando-se com seus 127-31
Apache, Lágrima de 45
arcanjos 131
Asa de Anjo, Calcita 128-31
aura 142, 156
Aurora, Quartzo (Anandalita) 129, 134-37, 141
Aventurina 68, 69, 87
Aventurina Verde 117
Azeztulita 135

Berilo 51
Brandenberg 21, 140-43
Brandenberg Enfumaçado 140
Brandenberg Transparente 141
Bronzita 153

Calcita 74, 81
Calcita Mangano 45, 117
Caulinita 74, 110
Celestita 129
Chakra da Estrela da Alma 128
Chakra da Estrela da Terra 74, 77, 89, 135, 156

Chakra Portal Estelar 74, 128, 156
chakras 21, 24, 26, 51, 73, 136-37, 156
   e triângulos da atração 85
   da Base 74, 77, 88, 93, 104-06
   do Terceiro Olho 89
   da Coroa 26, 77, 80
   da Estrela da Terra 74, 77, 89, 135, 156
   do Coração 77, 89, 117
   do Coração Superior 73, 77, 140
   da dimensão superior 146
   desequilíbrios e doenças 76-7
   da manifestação ver manifestação, chakras
   vidas passadas 56, 57, 58
   do Sacro 74, 77, 88, 91, 104-06
   do Plexo Solar 77, 89
   da Estrela da Alma 128
   do Soma 86, 98, 136
   Esplênico 77
   do Portal Estelar 74, 128
   do Terceiro Olho 77, 98
   da Garganta 77, 89
chama gêmea 119, 156
Cinábrio 63
Citrino 38, 39, 62-4, 75, 87
Citrino Enfumaçado (Quartzo Kundalini) 62
Clinozoisita 74
cobalto 153
cobre 44
consciência expandida 128, 133, 146, 156
consciência superior 81, 128, 133-37, 141, 145, 146, 147, 156
contratos anímicos 16, 55, 56, 59, 140, 142, 145, 148
Cornalina 32, 63, 105
   energização com 94-5
corpo etérico 134, 156
crenças 47
   nucleares 10, 15, 38, 52, 86, 156
   falsas 15, 97
   limitantes 15, 49, 50, 52
   negativas 20, 25, 52, 86
   positivas 38, 53
   tóxicas 142
criatividade 29, 31, 39, 41, 50, 62, 103-06, 122, 151

Crisocola 111, 123
Cristais
   ativação 32
   sintonização 24-25
   escolha 24
   limpeza 25, 32
   dedicação e ativação 24
   desprogramação 25
   formas 25
   como guardar 33
cristais rolados 25, 156
Cuprita 123
cura 39, 44, 73, 98, 109-11, 112, 116, 134, 137, 142, 147

DAN-TIEN 74, 88, 91, 94, 95, 136, 156
defumação 28
desintoxicante 51, 75, 80, 156
desobstruindo a mente 49, 50, 52

Diáspora (Zultanita) 99
Dioptase 111
Drusa (Agulha) Quartzo Aurora 81, 134
Dumortierita 57

empoderamento 43, 44, 91, 92, 121
energia: mantenha sua energia no nível máximo 91
energia sutil 74, 85, 109, 153, 156
Escapolita Azul 45
espiral 27, 71
esquema ou grade etérica 80, 109, 139, 140, 156-57
Estaurolita 153
Estibnita 153
estrela de cinco pontas (pentagrama) 27, 64, 105, 106, 154
Estrela de Davi 27, 53, 105
eu mágico 20-21
expectativas 14, 15, 44, 46, 55, 56, 111

fantasmas 110, 140, 142, 157
fazer um pedido 29
Feldspato 68, 74
Fenacita 135, 147
ferro 74, 105
força de vontade, ativando 29
Formação Mentor 123
Formas-pensamento 157

Gerador 40, 157
    Formação 39, 41
Goldstone 68-71, 87
grades 24-26
Granada (Piropo) Vermelha 104, 106, 107
Granada 104-5
Granada Grossulária 104, 106

harmonia 79-82, 85, 110, 113, 123
Heliotrópio 75
Hematita 110, 137, 143

inclusões 110, 140, 142, 157
incubação de sonhos 97-101
influências mentais 157
llanoíta 74
intenção focada 12, 15, 22, 23, 24, 26,
    64, 67, 88, 128, 133, 134
introspecção 12, 68, 70, 110

Jade 39, 63, 69, 86-89
Jade Azul-Esverdeado 87
Jade Branco 87
Jade Lavanda 87
Jade Marrom 87
Jade Vermelho 87
Jasper Kambaba 123

Kundalini 62, 92, 136-37, 157
Kundalini, despertar da 134, 157
kything 98, 127, 128, 157

Labradorita 122
Laranja (Hessonita) Granada 104, 106
Lei da Atração 10, 70, 157
Leucozona 74
Limonita 110
livros de pedras 23

magia: convidar a magia para fazer
    parte da sua vida 151-55
Magnetita 157
Maianita Arco-íris 57, 135
Malaquita 44-7, 111
manifestação, chakras de
    ativar 30
    poder dos chakras 30
    definidos 21, 30

abertura 31
manifestando princípios 9-13
Meditação Quartzo Aurora 136-37
Malaquita 46
Quartzo Espírito 82
Jade Alaranjado 86
meditação orientada 26
mentor, atraindo um 121, 122, 123, 124-25
meridianos sutis (canais) 73, 136
Merlinita 21, 152-54
Merlinita Mística 147
missão da alma 148
Mohawkita 153
momento certo
    seguindo o tempo da alma 13
    estações e ciclos 13

Nascer do Sol Sonora 123

Obsediana Cor de Mogno 45
Obsidiana Arco-Íris 45
Obsidiana Preta 45
Olho de Tigre 69, 87
Opala Azul Owyhee 98-100

painel visionário 103, 106
Pedra da Lua Negra 122-25
Pedra do Sol 63
Pedra dos Sonhos 99
Pedra Nevasca 57
perdão 46, 59, 81, 115, 116
perfeição, reconectando-se a 139-43
Petalita 135
plano da alma 10, 13, 50, 55, 140, 145,
    152, 157
Pounamu dos Maoris 87
problemas e antídotos 16
programação emocional negativa 157
Psilomelano 152

Quantum Quattro 111
Quartzo 23, 32, 74, 75, 152
Quartzo Agente de Cura Dourado 57, 111
Quartzo da Manifestação 21, 38-41
Quartzo dos Sonhos 99
Quartzo Enfumaçado 38, 39, 45, 51, 62,
    76, 111, 137, 143
Quartzo Espírito 39, 80-3

Quartzo Espírito "Aura Chama" 80
Quartzo Espírito "Citrino" 80
Quartzo Espírito "Enfumaçado" 80
Quartzo Fantasma 141
Quartzo Nirvana 141
Quartzo Rosa 45, 116-19
Quartzo Rutilado 50-3
Quartzo Satyaloka 135, 141
Quartzo Tangerina 105
Quartzo Transparente 76
Quartzo Trigônico 135, 146-49
Quartzo Turmalinado 51
Quartzo Vela 81
Que Será 74-7

reenquadramento 55, 56, 59, 80, 157
regressão 56, 145
rituais 28
Rodocrosita 45, 117
Rubi 105

Sangue de Ísis 105
Satyamani 135
saúde e bem-estar, apoio à 73
Selenita 51
Shattuckita 111
sistema imunológico 73-6, 136
sistema linfático 76
sonhos lúcidos 98, 99, 100

tempo da alma 13
terapeuta de vidas passadas 56
tomada de decisões 97
Topázio 63
transmutação 25, 28, 44, 47, 52, 53, 56,
    62, 68, 71, 80, 146, 152, 153, 157
triângulos 27, 53, 88, 146, 148, 149
atração 85
Tugtupita 117
Turmalina 51
Turmalina Negra 51
Turquesa 63

visão 43
visualização 26, 33, 38, 89, 111, 112, 121,
    124-25, 157

xamanismo, xamãs 152, 153

LEITURAS COMPLEMENTARES

Mike Eastwood, *The Crystal Oversoul Cards* (Forres, 2011)
Judy Hall, *The Book of Why: Understanding your soul's journey* (Bournemouth, 2010)
Judy Hall, *The Crystal Bible*, vols 1 e 2 (Londres, 2009) [*A Bíblia dos Cristais*, vol. 1 e 2. São Paulo: Pensamento, 2008, 2010]
Judy Hall, *The Crystal Experience* (Londres, 2010)
Judy Hall, *Crystal Prescriptions* (Ropley, 2005)
Judy Hall, *Crystal Prosperity* (Lewes, 2010)
Judy Hall, *Good Vibrations* (Bournemouth, 2009)

AGRADECIMENTOS

AGRADECIMENTOS DA AUTORA

Meus agradecimentos, como sempre, aos muitos fornecedores de cristais que compartilharam incansavelmente seus conhecimentos e novas descobertas comigo. Sou grata a Robert Simmonds pela permissão para usar o nome das pedras que ele registrou (indicado pelo símbolo ® neste livro) e para outros profissionais especialistas em cristais, que são muitos para que eu possa citar todos. Os participantes dos meus cursos, meus amigos e clientes fizeram um excelente trabalho ao testar as grades de cristais e as visualizações deste livro, e eu agradeço a eles. Minha mentora Christine Hartley preparou para mim o caminho para a manifestação bem-sucedida, me ensinando sobre a necessidade de focar meus pensamentos e controlar minhas emoções; e outras pessoas aumentaram o meu conhecimento ao longo dos anos – agradeço a todos. Também tenho uma dívida de gratidão para com David Eastoe, da Petaltone, sem cujas essências purificadoras eu não poderia trabalhar com cristais. Os cristais sintonizados por Judy Hall estão disponíveis no site www.angeladditions.co.uk.

AGRADECIMENTOS DO EDITOR ORIGINAL

Obrigado a Mysteries (www.mysteries.co.uk), a Tina May (www.crystalmaster.co.uk) e a The London Astrology Shop (www.astrology.co.uk) por nos emprestar alguns dos seus cristais para fotografarmos.

AGRADECIMENTOS PELAS IMAGENS

Fotografia: Lyanne Wylde/Octopus Publishing Group

CRÉDITOS DAS FOTOS ADICIONAIS

Dreamstime.com: Bohuslav Jelen 81l, Mvorobiev 90, N Po 105 esq, Pongbun Sangkaew 87, Ruslan Minakryn 96, Winterstorm 39l; Shutterstock: Collective Arcana 150, Minakryn Ruslan 45; Unsplash: Chandra Oh 11, Content Pixie 5b, 14, 88, 120, 125, Dan Farrell 138, Dani Costelo 41, Estee Janssens 107, Esther Verdu 36, Franco Antonio Giovanella 33, Hasan Can Devsir 65, Jason D 102, Jocelyn Morales 84, Klara Kulikova 18, Krystal Ng 34, Olga Thelavart 137, Sierra Nicole Narvaeth 82, Susanna Marsiglia 114.